CANAL DU RHONE-AU-RHIN.

(DIVISION DU NORD.)

DÉPARTEMENT DU BAS-RHIN.

PREMIER LOT DE TRAVAUX D'ENTRETIEN.

TERRASSEMENTS ET MAÇONNERIES.

DEVIS GÉNÉRAL

Des ouvrages du premier lot à exécuter en 1840, 1841 et 1842, pour l'entretien du canal et de ses dépendances entre l'écluse nº 64, d'Artzenheim et l'embouchure dans la rivière d'Ill, en aval de l'écluse nº 85, de Strasbourg.

CHAPITRE PREMIER.

DISPOSITIONS GÉNÉRALES.

ARTICLE PREMIER.

Le présent devis embrasse la partie du canal comprise entre l'écluse nº 64, d'Artzenheim et l'embouchure dans la rivière d'Ill, en aval de l'écluse nº 85, de Strasbourg.

ARTICLE 2.

Seront exécutés en régie ou par attachement :

1º Les travaux de menu détail d'entretien.

2º Ceux qui par leur nature ne pourraient être évalués assez exactement pour être faits par entreprise.

3º Les ouvrages qui exigent des soins particuliers et qui sont spécifiés au présent devis à l'article qui les concerne.

ARTICLE 3.

Les ouvrages d'entretien à exécuter par voie d'adjudication seront divisés en 2 lots : le premier comprenant les terrassements et les maçonneries et le second la charpenterie et la ferronnerie.

ARTICLE 4.

Chacun de ces deux lots comprendra toute la partie du canal entre l'écluse nº 64, d'Artzenheim et la rivière d'Ill, en aval de l'écluse nº 85, de Strasbourg, dont la longueur est de cinquante-trois mille cinq cent quatre-vingt-seize mètres (53,596ᵐ).

ARTICLE 5.

Les travaux du premier lot, et qui font l'objet du présent devis, seront principalement :

1° Terrassements pour l'ouverture des fossés, les rampes aux abords des ponts et chemins, les tranchées à faire dans les levées, etc.

2° Les curages ou dévasements.

3° Les revêtements en gazons tant pour l'étanchement des talus perméables, que pour la conservation des digues.

4° La fourniture des matériaux nécessaires à l'achèvement ou la réparation des corrois d'étanchement. La main-d'œuvre de ces corrois pourra être faite en régie, mais elle devra être faite par l'entrepreneur toutes les fois qu'il en sera requis.

5° Les contreforts en clayonnages.

6° Les plantations.

7° Les maçonneries de toute espèce.

8° Les carrelages, couvertures en tuiles, enduits, plafonnages et badigeonnages des maisons éclusières.

9° Les démolitions de maçonneries.

10° Les transports par eau et par terre des matériaux de toute espèce.

11° La fourniture de tous les matériaux nécessaires à l'entretien des ouvrages faisant partie du premier lot et qui seraient exécutés en régie ou par attachement.

12° Enfin les ouvrages qui sont portés au bordereau et qui ne sont point ici relatés.

CHAPITRE II.

TERRASSEMENTS, TRANSPORTS DE MATÉRIAUX, CURAGES, ETC.

ARTICLE 6.

Les métrés des terrassements seront faits au déblais et par le moyen de profils relevés sur le terrain avant l'exécution et contradictoirement avec l'entrepreneur; ils seront acceptés par lui.

On n'aura recours aux métrages par témoins que lorsqu'il y aura impossibilité de les calculer à l'avance par profils. L'ingénieur appréciera les circonstances.

Les indemnités de terrains à payer aux propriétaires pour fouilles ou remblais seront toujours à la charge de l'administration.

ARTICLE 7.

Les remblais pourront être faits soit en cavaliers de retroussement, soit en remblais utiles, tels que rampes aux abords des ponts et levées.

Dans le premier cas les terres seront seulement déposées en tas de forme régulière dans les endroits indiqués à l'entrepreneur.

Dans le second cas les remblais seront faits par couches de quinze à dix-huit centimètres d'épaisseur, divisées avec la bêche, puis fortement battues avec des dames, jusqu'à ce que toutes les mottes soient brisées, étendues et liaisonnées avec les couches inférieures. On dirigera d'ailleurs autant que possible les roulages de manière à faire passer les brouettes ou tombereaux successivement sur toutes les parties des nouveaux remblais.

ARTICLE 8.

Avant d'employer les remblais à la formation des levées ou digues du canal, le sol dans leur emplacement sera essarté, pioché et débarrassé des gazons, pierrailles ou autres corps qui pourraient empêcher une bonne liaison. On purgera des mêmes corps et avec soin les terres servant aux remblais.

ARTICLE 9.

Le transport des terres et de toute espèce de matériaux se fera soit à la pelle, soit à la brouette, au tombereau ou par eau sur le canal.

Les remblais se feront au jet de pelle pour une distance horizontale de deux à quatre mètres, ou par une distance verticale de un mètre soixante à un mètre quatre-vingts centimètres.

Les déblais pourront, dans certains cas, être portés en remblais à plusieurs jets de pelle. Il sera compté autant de jets que la distance de quatre mètres sera comprise de fois dans la distance horizontale, ou que la hauteur de un mètre soixante centimètres sera comprise de fois dans la hauteur totale.

Article 10.

Les transports à la brouette se compteront par relais de trente mètres en plaine, ou relais de vingt mètres lorsque la ligne joignant les centres de gravité aura une rampe de huit centimètres par mètre. Transports à la brouette.

En général on comptera autant de relais de vingt mètres qu'il y aura de fois un mètre soixante centimètres dans la distance verticale des centres de gravité, et le reste de la distance à parcourir sera compté en relais de trente mètres.

Lorsqu'au lieu d'être élevés, les déblais seront descendus, les relais seront comptés comme s'ils étaient en plaine.

Article 11.

Lorsque la distance des transports dépassera cent mètres, ils se feront au tombereau ou à la voiture. Les relais au tombereau seront de cent mètres. Transports au tombereau.

Dans les parties en rampe de plus de huit centimètres par mètre, les relais ne seront que de cinquante mètres.

Ainsi on comptera autant de relais de cinquante mètres qu'il y aura de fois quatre mètres dans la distance verticale des centres de gravité. Le reste de la distance à parcourir sera compté comme en plaine.

On n'aura égard à la différence de niveau qu'autant que les déblais seront portés en montant. Les descentes seront comptées comme en plaine.

Article 12.

Les talus seront dressés avec soin suivant les formes et inclinaisons prescrites à l'entrepreneur. Ils seront payés à part et au mètre carré. Dressement des talus.

Les talus en remblais seront battus pendant leur exécution avec des dames plates à manche incliné, après un léger arrosage, si le besoin s'en fait sentir.

Pour faciliter le dressement des talus en déblais on aura soin de laisser avant leur exécution, une épaisseur de cinq à six centimètres de déblais à faire sur leur surface.

Article 13.

A moins que des ordres contraires n'aient été donnés à l'entrepreneur, les déblais provenant des curages du canal seront transportés en cavaliers de dépôts sur les francs-bords vis-à-vis des parties dévasées. Dans ce cas la distance de roulage sera invariablement comptée à trois relais. Curage du canal et déblais sous l'eau.

Article 14.

Si des endroits particuliers sont désignés à l'entrepreneur pour y porter les déblais, on calculera les distances à parcourir, qui seront payées comme il est dit aux n°s 1, 6 et 7 du bordereau, relatifs aux transports.

Article 15.

Si les biefs ne peuvent être mis à sec par l'écoulement naturel des eaux, on pratiquera, soit des rigoles d'écoulement, soit des bàtardeaux, soit des coupures dans les levées du canal.

Dans ce cas les coupures dans les digues et le recomblement seront comptés à part à l'entrepreneur pour le cube des déblais ou remblais, et payé au prix du bordereau.

Les bàtardeaux ou les rigoles à ouvrir sous l'eau seront exécutés par attachement; cependant l'établissement des rampes sur les digues, et le rétablissement de ces digues seront à la charge de l'entrepreneur.

Article 16.

Le métré des curages se fera, soit par profils levés avant l'exécution, soit sur les cavaliers de dépôts, lorsque les ingénieurs le jugeront nécessaire.

Article 17.

Des prix particuliers sont établis au bordereau, suivant les cas où les déblais de vases, graviers ou sables seront faits tout à fait hors de l'eau ou sous l'eau, mais au moins de vingt, ou de vingt à cinquante centimètres, ou enfin de cinquante centimètres à deux mètres sous l'eau.

Article 18.

La fourniture des outils, dragues, équipages, bateaux, etc., est à la charge de l'entrepreneur.

Au lieu de dragues à main, il pourra se servir de machines, dont les frais seront à sa charge; mais dans ce cas il ne lui sera fait aucun changement dans les prix.

CHAPITRE III.

GAZONNEMENTS, TANT POUR L'ÉTANCHEMÉNT QUE POUR LA CONSERVATION DES TALUS, CORROIS, ENSABLEMENTS, CONTRE-FORTS, PLANTATIONS, FOURNITURE DE MATÉRIAUX.

ARTICLE 19.

Gazonnements. Les gazons destinés au revêtement des talus auront de vingt à vingt-cinq centimètres de côté, et une épaisseur de cinq à huit centimètres. L'herbe sera humide et coupée au ras du sol. Ils seront posés par assises horizontales, et auront une longueur moyenne de queue de vingt centimètres. Ils seront toujours disposés à joints recouverts, l'herbe en dessous et racines au-dessus.

Les couches successives seront damées avec soin, en les bourrant de cailloux de trois à cinq centimètres environ de côté, en aussi grande quantité que possible, de manière cependant qu'ils ne se touchent jamais, et ne fassent pas fendre le gazon. On arrosera légèrement pendant le damage.

Avant de mettre en place les premières couches, on aura soin de piocher légèrement, et d'arroser la terre sur laquelle elles doivent reposer. Il entrera environ vingt couches de gazons dans une hauteur verticale d'un mètre.

Les gazonnements seront payés au mètre carré de surface de talus; le prix porté au bordereau comprend le remblai derrrière les gazons, lorsque son épaisseur perpendiculaire au talus sera moindre que quarante centimètres, et quand les remblais seront pris à cent mètres de distance au plus.

Si l'épaisseur ou la distance de transport étaient plus grandes que les limites ci-dessus, le surplus serait compté séparément au prix du bordereau.

Le prix est calculé pour une inclinaison de talus de un et demi de base sur un de hauteur, ce qui suppose avec les données ci-dessus une épaisseur perpendiculaire aux talus de douze centimètres. Si l'inclinaison se rapprochait de la verticale, le cube du gazon augmenterait, et le prix du mètre carré serait augmenté en conséquence.

ARTICLE 20.

Le cinquième de la surface en gazons des francs-bords affermés, peut être pris sans indemnité. Les dommages qui seraient à payer au delà de cette quantité, seront à la charge de l'administration. Mais l'entrepreneur sera tenu de ne faire l'extraction qu'aux endroits qui lui auront été primitivement désignés.

ARTICLE 21.

Corrois. L'entrepreneur fournira et transportera les matériaux qui lui seront demandés pour l'exécution ou l'entretien des corrois pour l'étanchement du canal.

La main-d'œuvre des réparations d'anciens corrois sera faite par attachement ou par régie.

La main-d'œuvre des corrois neufs devra être faite par l'entrepreneur, toutes les fois qu'il en sera requis ; mais elle pourra se faire par attachement ou par régie.

ARTICLE 22.

Fourniture de matériaux pour les corrois. Les matériaux qui serviront à la confection des corrois sont de la terre argileuse, du gravier et de la chaux grasse.

Ils seront transportés sur les levées aux points indiqués, et suivant les quantités demandées.

Ils seront déposés et rangés en tas de forme régulière, de manière à pouvoir être mesurés exactement, et cela aux frais de l'entrepreneur.

La terre sera extraite des lieux qui seront désignés, et où elle sera débarrassée des pierres, racines, gazons et autres matières étrangères.

La fouille et le transport seront payés au prix du bordereau, suivant les distances.

Le gravier devra être passé à la claie, dont les grillages auront un centimètre d'espacement, et il sera en outre choisi ou cassé de manière à ce que les plus gros cailloux puissent passer en tout sens à travers un anneau de cinq centimètres de diamètre.

Les terres ou les graviers trouvés dans les déblais des parties à corroyer, ne compteront point comme approvisionnement ou fourniture. La main-d'œuvre de ce triage est comprise dans le prix de la façon.

5

Article 23.

Pour l'exécution des corrois neufs, on commencera par déblayer les talus intérieurs ou le pla- Façon de corrois neufs.
fond du canal, suivant le profil qui en sera donné.

Pendant cette première opération, on mettra en réserve les déblais qui seront jugés de nature à pouvoir être mélangés avec de la terre argileuse approvisionnée. On en extraira de même tout le gravier qui pourra être employé et qui sera passé à la claie.

On étendra sur les digues, avant de l'employer, la terre argileuse, on la divisera avec la pelle ou avec la pioche, en cassant toutes les mottes et en extrayant avec les plus grands soins les racines, gazons, pierres et autres corps qui pourraient s'opposer à une parfaite liaison, et qu'on aurait négligé d'enlever lors des fouilles. On l'humectera fortement avec du lait de chaux grasse ou simplement avec de l'eau pure, si cette terre est naturellement assez argileuse.

Ces terres ainsi préparées seront jetées et régalées sur l'emplacement désigné, par couches horizontales d'une épaisseur de huit centimètres, qui se réduiront à cinq après le damage.

A la première couche, on ne mélangera point de gravier pour mieux assurer sa liaison avec le terrain; mais sur chacune des autres on répandra et on rangera à la main, après le premier damage, des cailloux de quatre à cinq centimètres de diamètre, de manière qu'ils ne se touchent pas, mais cependant assez rapprochés les uns des autres. Ces cailloux seront fortement pilonnés, après quoi on répandra une couche de menu gravier, que l'on damera de manière qu'il soit enfoncé dans la terre, fasse bien corps avec elle, et ne paraisse plus à la surface. On aura soin de bien humecter chaque couche avant le damage du menu gravier.

Avant la façon de ces corrois, l'on pratiquera dans les déblais des talus des refouillements en forme de gradins correspondant chacun à trois couches de corroi, de manière à bien asseoir le corroi, et d'assurer sa liaison avec les digues ou le plafond.

En dressant les talus de ces corrois, on aura soin de les battre fortement à la dame plate.

Article 24.

L'entrepreneur se conformera du reste en tout point à tout ce qui lui sera prescrit pour l'exécution de ces corrois, soit par l'ingénieur, soit par les agents des ponts et chaussées.

Il ne sera pas admis à réclamer d'indemnités, sous prétexte d'une augmentation de main-d'œuvre.

Article 25.

Pour réparer les anciens corrois on en enlèvera jusqu'au vif les parties défoncées et on opérera ab- Réparation d'anciens
corrois.
solument comme pour les corrois neufs; seulement on n'aura besoin dans ce cas que de très-peu de matériaux d'approvisionnement, parce qu'on emploiera en grande partie les déblais que l'on remaniera d'abord avec soin en y mêlant de la terre provenant des attérissements vaseux du canal.

Les parties mises à nu du terrain naturel ou des corrois adjacents seront taillées en gradins de cinq à quinze centimètres de hauteur et autant de largeur.

Article 26.

Les infiltrations pourront aussi être étanchées par du sable argileux qu'on jettera dans le canal Ensablements.
rempli d'eau, mais l'emploi s'en fera toujours en régie; l'entrepreneur devra seulement l'extraire et le transporter toutes les fois qu'il en sera requis.

Article 27.

Pour consolider les parties de digues très-élevées au-dessus du terrain naturel et traversées par Contre-forts.
de fortes infiltrations, il sera quelquefois nécessaire d'établir derrière ces digues des contre-forts composés de terres graveleuses soutenues par des piquets enlacés de clayons.

Ces contre-forts devront être exécutés comme il suit :

On commencera par dégazonner le terrain qui doit former la base du contre-fort ainsi que le talus extérieur de la digue, dans lequel on pratiquera en même temps des gradins pour servir de liaison aux remblais. Ensuite, à deux mètres du pied du talus et parallèlement à la digue, on battra une rangée de piquets de un mètre trente à un mètre quatre vingts centimètres de longueur espacés de cinquante centimètres. Autour de ces piquets, enfoncés seulement aux deux tiers de leur hauteur, on entrelacera quatre brins de clayons, après quoi on achèvera d'enfoncer les piquets, de manière à comprimer les clayons, qui formeront ainsi une bordure de dix à quinze centimètres de hauteur. L'intervalle compris entre cette bordure et le pied du talus sera rempli de terres graveleuses fortement damées.

2

La première couche ainsi établie, on procédera à la deuxième, à laquelle on donnera sur la première une retraite de cinquante centimètres. Cette deuxième couche sera confectionnée à l'instar de la précédente, et l'on continuera ainsi jusqu'à ce que le contre-fort soit élevé à la hauteur qui sera jugée nécessaire.

Les piquets et les clayons seront fournis par l'entrepreneur. Les clayons seront bien droits et flexibles, ils seront autant que possible d'essence de saule et auront quatre à cinq mètres de longueur. Leur diamètre n'excédera pas quatre centimètres.

Les piquets seront de toute essence et auront de six à sept centimètres de diamètre.

Les contre-forts seront payés au mètre cube, y compris piquets, clayons et remblais.

Article 28.

Plantations.

Les trous de plantation auront un mètre de côté sur soixante centimètres de profondeur.

Ils seront établis aux distances et suivant les alignements indiqués.

Ils seront ouverts au moins deux mois avant la plantation.

En les ouvrant on aura soin de placer séparément autour de leur bord pour les employer ensuite et en sens inverse dans le remplissage, les trois ou quatre couches successives de terres qui en proviendront, ainsi que d'en ôter les grosses pierres et les racines.

Les déblais qui ne seront point réemployés seront tous portés, aux frais de l'entrepreneur, sur les francs-bords voisins aux points qui seront désignés.

Article 29.

Les arbres seront d'essence de peupliers d'Italie, peupliers de France ou de Virginie.

Ils seront soit fournis par l'entrepreneur, soit extraits des pépinières de l'État. En cela et pour ce qui concerne l'essence, l'entrepreneur se conformera aux ordres qui lui seront donnés.

Les arbres à planter auront au moins trois centimètres de diamètre à deux mètres de hauteur de fût et deux mètres et demi de hauteur totale.

Ils seront tirés du sol avec précaution, de manière à ne fendre ni écorcher les racines et à conserver au pivot le plus de longueur possible.

Les plantations se feront du 15 novembre au 15 mars, excepté pendant les gelées.

Au moment de planter l'arbre on coupera légèrement les extrémités des racines, de manière que la surface de section repose sur la terre. Quand le chevelu ne sera pas desséché, on se contentera de le rafraîchir, mais on le couperait jusqu'au vif s'il était sec, ainsi que les racines si elles n'étaient pas bien saines.

Pour procéder à la plantation d'un arbre on piochera d'abord le fond du trou, on y jettera de la terre bien meuble, provenant soit de la superficie du terrain, soit des fouilles de terre végétale qui seront ouvertes sur les points indiqués par l'ingénieur ou le conducteur. On continuera cette opération jusqu'à ce qu'il ne reste plus à remplir qu'une hauteur de trente à quarante centimètres, suivant les dispositions des racines et leur volume.

On placera ensuite l'arbre au milieu du trou aussi vertical que possible, on jettera peu à peu de la bonne terre sur les racines en l'étendant avec les mains, de manière qu'elles en soient environnées. Lorsque le trou sera comblé on piétinera doucement l'espace qui n'est pas occupé par les racines. On achèvera l'entier comblement avec la terre moins bonne, en ayant soin de former une cavité au pied de l'arbre pour retenir les eaux pluviales.

Il faudra que l'arbre ainsi planté ait son pied à la même hauteur au-dessus du sol qu'il l'avait dans la pépinière.

Lorsque les arbres seront près d'endroits souvent fréquentés, on les entourera d'épines assujetties par des liens.

Article 30.

L'entrepreneur restera responsable pendant un an des plantations faites par lui, sauf le cas d'arbres cassés ou déracinés; ainsi il remplacera à ses frais les arbres morts.

Dans ce délai de garantie il devra entretenir les plantations et redresser tous les arbres inclinés par le vent ou toute autre cause.

Article 31.

Fourniture de gravier.

Le gravier à approvisionner, pour le rechargement des levées et la confection des corrois ou gazonnages, sera pris soit dans les cavaliers de dépôts, soit dans les fosses d'emprunt, et transporté jusqu'aux lieux d'approvisionnement. Le prix en sera calculé d'après les distances et suivant les bases du bordereau.

Article 32.

Tout le gravier devra être passé à la claie, dont les grillages auront au moins un centimètre et demi d'espacement. Il sera en outre cassé ou choisi de manière que les plus gros graviers puissent passer en tout sens à travers un anneau de six centimètres de diamètre pour les rechargements et de cinq centimètres pour les graviers destinés aux corrois.

Le gravier sera parfaitement purgé de terres ou autres matières étrangères. Il en sera approvisionné sur les levées aux points qui seront indiqués et relevés en tas prismatiques de forme régulière et d'un mètre cube.

Lors de la réception, l'ingénieur ou l'agent délégué pourront choisir pour constater le cube les tas les plus petits, et toute la fourniture pourra être comptée comme si tous les tas avaient le même cube que les plus petits de ceux mesurés.

CHAPITRE IV.

QUALITÉS, DIMENSIONS ET FAÇON DES MATÉRIAUX DESTINÉS AUX MAÇONNERIES.

Article 33.

On se servira de chaux grasse pour la mélanger avec la terre des corrois ou pour certaines parties de maçonneries des maisons éclusières, et seulement lorsque l'entrepreneur en aura reçu, par écrit, l'ordre formel.   *Chaux grasse.*

Cette chaux sera prise aux meilleurs chaux-fours du pays; elle sera livrée pure, bien vive et sera ensuite éteinte dans des bassins, pour n'être employée que deux jours au moins après son extinction.

Toutes les parties non cuites ou qui ne s'éteindraient pas facilement, seront rebutées, et le cube en sera déduit du compte de l'entrepreneur.

Article 34.

La chaux hydraulique proviendra des fours d'Obernai.   *Chaux hydraulique.*

Article 35.

L'extinction se fera en la disposant par tas de un vingtième de mètre cube environ et en l'arrosant avec précaution à diverses reprises, de manière à la réduire en poudre impalpable. Ces petits tas ainsi arrosés seront immédiatement recouverts avec le sable qui doit composer le mortier, et le mélange ne se fera qu'après dix-huit heures au moins et trente-six heures au plus.   *Extinction de la chaux hydraulique.*

La quantité d'eau employée pour cette extinction sera telle qu'en découvrant la chaux avant de broyer le mortier, elle forme sous le rabot une pâte forte et molle pouvant faire un bon mortier avec une très-légère addition d'eau.

Article 36.

Avant la fabrication du mortier hydraulique de grosse maçonnerie, on enlèvera au rateau toutes les parties non éteintes. Celles qui pourront être pulvérisées parfaitement par un pilonnage pourront être passées au tamis fin et employées, mélangées en proportions convenables avec de la chaux déjà éteinte, mais seulement après que cette poudre calcaire aura été vérifiée et reçue.

Article 37.

La chaux devant servir aux maçonneries de revêtements en moellons piqués, briques ou pierres de taille, sera passée au tamis de cinq mailles au moins par centimètre carré, immédiatement après avoir été arrosée et avant d'être mise à l'*étouffée* sous le sable ou le ciment.

Le résidu du tamisage pourra être arrosé de nouveau et pilonnée pour être employé aux mortiers ordinaires.

Article 38.

La chaux vive, avant son emploi, sera conservée à l'abri de toute humidité sous des hangars construits par l'entrepreneur et à ses frais.

Article 39.

Le ciment de Pouilly, dit Lacordaire, ne sera apporté sur l'atelier qu'au fur et à mesure des besoins.   *Fourniture de ciment de Pouilly dit Lacordaire.*

Il sera livré et conservé dans des tonnelets et à l'abri de toute humidité.

Il devra être en poudre fine, n'ayant aucune adhérence.

Celui qui présentera les moindres traces d'altération sera rejeté.

Article 40.

Sable.

Le sable à employer pour la confection des mortiers proviendra soit de la rivière d'Ill, soit de la Bruche.

Il sera parfaitement pur et lavé avec soin pour le dégager de toute espèce de parties vaseuses.

Le sable destiné aux grosses maçonneries sera passé à la claie, dont les mailles seront espacées de huit millimètres au plus.

Le sable destiné aux maçonneries de parement, moellons piqués, briques ou pierres de taille, sera passé au tamis de cinq mailles au moins par centimètre carré.

Le résidu du passage des sables fins pourra être passé à la claie pour servir aux maçonneries de remplissage.

Article 41.

Ciment de tuileaux.

Les tuileaux devant servir à faire du ciment seront pris aux tuileries des environs; ils devront n'avoir jamais été employés dans les constructions.

Avant le battage ils seront examinés et reçus par un agent des ponts et chaussées.

Le ciment sera battu sous des hangars et tenu constamment à l'abri de l'humidité. Celui qui aurait été mouillé ou longtemps exposé à un air humide sera rejeté.

Article 42.

On se servira de deux qualités de ciment.

La première sera le ciment fin devant servir aux rejointements. Il sera passé au tamis de vingt-cinq mailles au moins par centimètre carré.

La deuxième qualité sera le ciment gros devant servir à la confection des maçonneries. Il sera passé par un tamis de cinq mailles au moins par centimètre carré.

Article 43.

Trass.

Le trass proviendra d'Andernach. Il sera fourni par l'entrepreneur, soit en moellons, soit en poudre, suivant qu'il en sera requis.

Lorsque la fourniture du trass sera faite en moellons, il sera, comme le ciment, pilonné, réduit en poudre et passé au tamis de vingt-cinq mailles au moins par centimètre carré. Ce pilonnage devra être fait sous des hangars, à l'abri de l'humidité et sur les ateliers où il devra être employé.

Article 44.

Mortiers.

Toutes les matières employées à la fabrication des mortiers et ciments, seront mesurées exactement avant leur mélange et entreront dans leur composition dans les proportions suivantes:

Mortier de chaux grasse.
{ 2 parties de sable sec.
{ 1 partie de chaux éteinte en pâte forte.

Mortier de chaux hydraulique et sable.
{ 1 partie de chaux éteinte en poudre à l'étouffée.
{ 2 parties de sable.
{ Ou bien:
{ 1 partie de chaux bien vive et non fusée.
{ 3 parties de sable.

Mortier de chaux hydraulique et ciment gros.
{ 1 partie de chaux éteinte en poudre.
{ 1 partie de sable.
{ 1 partie de ciment.
{ Ou bien:
{ 2 parties de chaux bien vive et non fusée.
{ 3 parties de sable.
{ 3 parties de ciment.

<table>
<tr>
<td>Mortier de chaux hydraulique, sable et ciment fin, pour rejointoiements.</td>
<td>On fera un mélange d'une partie de sable fin, bien sec avec deux parties de ciment fin. Après le mélange opéré, on le broiera avec la chaux dans les proportions suivantes :
1 partie de chaux éteinte.
2 parties du mélange ci-dessus.
Ou bien :
1 partie de chaux vive non fusée.
3 parties de mélange.</td>
</tr>
<tr>
<td>Ciment de Pouilly dit Lacordaire.</td>
<td>2 1/2 parties de ciment.
1 partie de sable fin.</td>
</tr>
</table>

Ces proportions pourront varier suivant les instructions qui seront données à l'entrepreneur; dans ce cas le prix des mortiers sera modifié en conséquence.

ARTICLE 45.

Les mortiers de chaux et sable, et ceux de ciment pour maçonneries seront fabriqués au moyen de rabots sur une aire de madriers. Le mélange des matières se fera en ajoutant le moins d'eau possible. Le mortier de ciment fin pour rejointoiement sera fabriqué dans des caisses d'une contenance de cinq centièmes de mètre cube, et sera broyé au pilon.

Le sable et la chaux qui serviront aux maçonneries de pierres de tailles devront avoir été passés au tamis de neuf mailles au moins par centimètre carré (voir l'art. 35 pour l'extinction de la chaux).

ARTICLE 46.

On aura soin de ne préparer que la quantité de mortier qui pourra être employée immédiatement. Cependant s'il ne pouvait être employé assez tôt après la fabrication, on le rebattrait pour prévenir le durcissement.

Néanmoins, le mortier ordinaire qui n'aura pu être employé dans les douze heures qui suivront sa fabrication, sera rejeté.

Ce délai ne sera que de deux heures pour les mortiers où il entrera du ciment et du trass, et de dix minutes pour le ciment de Pouilly.

Le ciment de Pouilly ne sera préparé que par petites portions de deux à trois litres, de manière à être employé dans l'instant même. On y mélangera, pour en faire l'emploi du tiers, à la moitié de son volume de sable.

ARTICLE 47.

Lorsque le mortier aura été mouillé par la pluie ou fabriqué avec du sable trop mouillé et qu'il n'aura pas une consistance assez ferme, on le broiera de nouveau avec de la chaux éteinte en poudre.

ARTICLE 48.

Si l'on emploie du béton dans les constructions, l'entrepreneur fournira les matières qui le composent, mais la fabrication et l'emploi se feront en régie.

Béton.

ARTICLE 49.

Les moellons à employer sur toute la partie du canal entre Marckolsheim et Strasbourg, proviendront des carrières de Wolxheim.

Moellons.

ARTICLE 50.

Tous les moellons à employer seront choisis dans les meilleurs bancs de carrière. Ils seront durs, non gélifs, sonores au marteau et ne contiendront aucune partie sablonneuse ou terreuse.

ARTICLE 51.

Les moellons smillés pour construction de pérés, seront dégrossis et grossièrement piqués au marteau. Les joints seront dressés d'équerre au parement, mais pourront n'être point parfaitement perpendiculaires entre eux. Ils auront vingt-cinq à quarante-cinq centimètres de queue.

Moellons smillés pour pérés.

ARTICLE 52.

Les moellons piqués de petit appareil pour parements vus de maçonneries, seront piqués à la grosse pointe sans ciselures sur les arêtes. Ces arêtes pourront n'être pas parfaitement dessinées, mais les joints seront parfaitement perpendiculaires au parement et entre eux.

Moellons piqués de petit appareil.

Les joints et le parement seront dressés suivant une surface bien plane, quoique rugueuse.

Ils seront choisis et taillés de manière à être employés en assises réglées de dix à quinze centimètres de hauteur.

Ils auront de vingt à quarante centimètres de queue, avec un cinquième au moins de boutisses de cinquante centimètres de queue.

Article 53.

Moellons piqués, ciselés de grand appareil. — Les moellons piqués de grand appareil pour parement de maçonneries, auront de dix à vingt centimètres de hauteur d'assise.

Leur largeur de parement sera au moins égale à une fois et démie la hauteur.

La queue de ces moellons aura au moins trente centimètres de longueur, et l'épaisseur moyenne de la maçonnerie de parement sera de trente-cinq centimètres, en comprenant dans cette épaisseur un cinquième de boutisses, dont la longueur ne sera pas moindre que cinquante centimètres.

Ces dimensions pourront être plus fortes dans quelques circonstances, qui seront indiquées par l'ingénieur.

Le moellon sera proprement piqué à la pointe sur la face de parement et les joints. Les arêtes seront ciselées. Les joints et les lits seront exactement perpendiculaires sur le parement, suivant les coupes d'appareil qui seront prescrites. Ils seront parfaitement dressés sans démaigrissement, sur quinze centimètres au moins de profondeur.

Article 54.

Libages. — Les libages seront fournis sur la demande qui pourra en être faite pour réparations de déversoirs, enrochements ou fondations.

Les blocs bruts cuberont dix centièmes de mètre au moins : tous ceux qui seraient de moindre grosseur seraient rangés dans la classe des moellons ordinaires.

Article 55.

Métrage des moellons. — Lorsque l'entrepreneur n'en fera que la fourniture, les moellons ordinaires, ou moellons de choix destinés à être piqués pour petit appareil, seront cubés en tas.

Les moellons ébauchés pour être piqués à grand appareil et les libages, seront mesurés par blocs.

Article 56.

Pierre de taille. — La pierre de taille proviendra des carrières de Wasselonne ou de Mutzig.

Article 57.

La pierre de taille sera extraite des meilleurs bancs de carrière, sans parties tendres ni veines terreuses ou spongieuses. Elle ne sera point gélive.

Après la taille, elle sera sans flâches, délits ou épaufrures. La pierre sera amenée ébauchée de la carrière, de manière qu'il reste un centimètre au moins à enlever pour la taille des parements ou des joints.

Les hauteurs d'assises seront indiquées à l'entrepreneur pour chaque travail à exécuter.

La longueur de queue variera entre quarante-cinq et soixante centimètres pour les carreaux, et de soixante-dix centimètres à un mètre pour les boutisses.

Article 58.

On divisera la pierre de taille en deux classes, savoir : *pierre de taille de haut appareil* et *pierre de taille de bas appareil.*

La première comprendra les buscs d'écluses, les pierres de chardonnets, les angles rentrants dés enclaves des portes, les chaînes des murs de chute, les musoirs, les chaînes d'angles saillants, enfin toutes les pierres de grande dimension offrant des refouillements ou parements courbes.

Dans la deuxième classe, seront rangées toutes les autres espèces de pierre de taille, telles que les encadrements des portes et fenêtres, les pierres de couronnement des écluses, les chaînes d'angles saillants des maisons, socles, etc.

Article 59.

La taille des parements sera faite à la boucharde. Les arêtes en seront ciselées. On ne tolérera ni écornure ni épaufrure. La pierre de taille ne sera qu'ébauchée à la carrière, la taille se fera sur les chantiers.

Article 60.

Les lits, joints et parements seront dressés suivant l'appareil qui en sera prescrit.

Les joints seront dressées et bouchardés sur une longueur de trente centimètres au moins, à partir du parement, sans aucun démaigrissement.

Article 61.

La taille des parements vus sera divisée en deux classes, comme la pierre de taille elle-même.

La première comprendra tous les parements courbes ou à refouillements.

La seconde embrassera tous les autres.

Article 62.

Le métrage de la pierre de taille sera établi sur le cube effectif, après la taille et sur chaque bloc après la pose.

Dans celui de la taille des parements vus, on n'aura pas égard aux lits et joints, dont le prix est compris dans celui du parement vu.

Article 63.

Le plâtre devra être onctueux au toucher et bien sec au moment de l'emploi. Celui qui aura été mouillé ou avarié, sera rebuté.

Plâtre.

Article 64.

Les briques, tuiles ou carreaux proviendront des tuileries de Plobsheim, Eschau, Grafft, Rhinau, Châtenois, Scherville, etc.

Briques, tuiles ou carreaux.

Article 65.

Les briques devront être bien cuites sans être vitrifiées. Elles seront sonores et d'une forte consistance. La pâte en sera bien liée et homogène. Les parements en seront plans et les arêtes vives.

Article 66.

Les briques à employer pour parements vus, ne devront pas être gélives; pour s'assurer de leur bonne qualité, l'entrepreneur devra faire ses approvisionnements un an à l'avance, et les laisser exposées à la gelée.

Dans tous les cas, les briques qui viendraient à s'exfolier le premier hiver après leur pose, seront remplacées aux frais de l'entrepreneur.

CHAPITRE V.

EMPLOI DES MATÉRIAUX.

Dispositions générales.

Article 67.

Il est expressément défendu à l'entrepreneur de mettre à la tâche la façon des mortiers ou des maçonneries. Si cette condition était enfreinte, l'adjudication pourrait être résiliée, conformément à l'art. 4 des clauses et conditions générales.

Maçonneries.

Article 68.

Les échafaudages, nécessaires à l'exécution des maçonneries, sont à la charge de l'entrepreneur, à l'exception des cintres des voûtes de ponts ou aqueducs qui seront fournis par l'entrepreneur du deuxième lot des ouvrages, et payés à part.

Article 69.

Les moellons que l'on emploiera aux maçonneries, seront parfaitement purgés de terre et de poussière, et légèrement arrosés au moment de leur emploi.

Article 70.

Les maçonneries seront exécutées de manière à être parfaitement pleines, et de telle sorte qu'une pierre n'en touche jamais une autre sans l'intermédiaire du mortier. D'un autre côté, aucun intervalle un peu considérable ne sera rempli de mortier seulement, les moellons seront toujours posés sur un bain de mortier, et enfoncés à la masse jusqu'à ce que le mortier reflue de tous côtés.

Dans tous les interstices qui ne seront remplis que de mortier, on enfoncera au marteau les éclats de pierres.

On n'arasera pas en surface plane les dessus de chaque couche de maçonnerie. Cette surface sera au contraire laissée aussi irrégulière que possible, afin que la couche supérieure se relie parfaitement à la couche inférieure.

Lorsqu'une couche sera sur le point d'être recouverte par une autre, on l'arrosera légèrement, afin de faciliter la liaison, mais de manière cependant qu'elle ne soit qu'humide et sans flaques d'eau.

Article 71.

Lorsque l'on adossera de la nouvelle maçonnerie contre l'ancienne, la surface de contact de celle-ci sera premièrement dégradée, de manière à enlever aussi parfaitement que possible le vieux mortier, et à former une surface irrégulière avec des saillies propres à faire liaison.

Il est entendu que la surface sera arrosée et lavée avant le recouvrement par de la maçonnerie neuve.

Article 72.

Les parements du côté des terres seront dressés et les moellons dégrossis de manière à former une surface bien pleine et régulière.

Ce travail sera fait sans augmentation de prix.

Article 73.

Lors des sécheresses et des chaleurs d'été, les maçonneries fraîches seront arrosées pendant quelque temps après leur achèvement. Cette opération sera faite par l'entrepreneur et à ses frais, sur la première réquisition de l'ingénieur ou d'un agent des ponts et chaussées.

Article 74.

L'entrepreneur devra prendre tous les soins de détail qui seront nécessaires pour une bonne exécution et qui ne peuvent être détaillés ici. Le prix fait partie des faux frais.

Article 75.

Maçonneries de moellons piqués de petit ou grand appareil.

Le sable et la chaux qui entreront dans la composition des mortiers de maçonneries de revêtements en moellons piqués devront avoir été passés au tamis de neuf mailles au moins par centimètre carré.

Les moellons piqués seront posés par assises bien horizontales et en liaison de dix centimètres au moins.

Ils seront posés sur un lit de mortier. Avant la pose de la pierre on garnira autant que possible le joint vertical de mortier.

Ces moellons seront serrés dans leur lit et contre leur joint vertical avec un maillet en bois, de manière à faire refluer le mortier. Le derrière du parement sera soigneusement garni de mortier et d'éclats de pierre de manière à former liaison avec la maçonnerie de remplissage.

Article 76.

Le cinquième au moins de la longueur d'une assise sera en boutisses ayant les longueurs prescrites aux art. 52 et 53.

Article 77.

Les parements seront parfaitement dressés suivant les indications données à l'entrepreneur. Les assises auront la même hauteur sur toute la longueur d'une même assise.

Article 78.

Les joints horizontaux et verticaux auront de sept à dix millimètres de hauteur ou d'épaisseur.

Article 79.

Maçonneries de pierre de taille.

La pierre de taille sera généralement posée sur son lit de carrière.

Elle sera posée sans cales sur un lit de mortier de ciment et de sable fin et frappée fortement avec une masse en bois, jusqu'à ce que le mortier s'échappe de toute part. Elle sera ensuite fichée de manière que les joints soient bien pleins.

La largeur de joint pourra varier de huit à dix millimètres. A mesure que l'on élèvera les assises de pierre de taille, on exécutera par derrière la maçonnerie de remplissage avec tous les soins nécessaires pour former une liaison parfaite.

Article 80.

Le mortier avec lequel sera faite la maçonnerie de briques, sera composé de ciment et de sable passé au tamis de cinq mailles au moins par centimètre carré. Il sera fabriqué au rabot. Maçonneries de briques.

Lorsque la maçonnerie de briques sera exécutée pour des ouvrages d'intérieur de maisons éclusières, ou emploiera du mortier de chaux grasse et de sable passé au tamis de cinq mailles au moins par centimètre carré.

Dans tous les cas le mortier employé devra être fabriqué un peu plus mou que celui des autres maçonneries.

Article 81.

Les briques au moment de leur emploi seront plongées dans l'eau, et lorsqu'une assise aura été posée, on aura soin, avant de poser la supérieure, d'arroser la surface sur laquelle elle doit reposer.

Chaque brique sera posée sur bain de mortier et fortement tassée sur son lit de manière à faire refluer le mortier de tous côtés.

L'épaisseur des joints sera de un centimètre.

Les parements seront parfaitement dressés suivant le plan ou les surfaces courbes prescrites.

Article 82.

L'arrachement des briques exfoliées aux parements des écluses et leur remplacement sera fait par l'entrepreneur. Remplacement de briques.

On enlèvera au ciseau la brique à remplacer avec toutes les précautions nécessaires pour ne pas endommager les briques voisines.

On enlèvera autant que possible tout le vieux mortier de l'intérieur de la brèche, que l'on mouillera ensuite. Cela fait, on y introduira du ciment que l'on répartira avec soin dans le fond. La brique sera elle-même recouverte d'une couche de ciment, de manière qu'en l'introduisant et en la pressant fortement elle fasse refluer le mortier de tous côtés, qu'il ne reste aucun vide par derrière et que les joints aient une épaisseur de un centimètre.

Article 83.

Le mortier employé pour les remplacements de briques, sera le même que celui des maçonneries neuves en briques.

Article 84.

Les remplacements ne seront faits que pour les briques qui auront été désignées à l'entrepreneur et marquées à cet effet.

Ils seront payées au cent de briques remplacées tant boutisses que panneresses, lorsque la surface d'un même groupe comprendra moins de cinq briques et au mètre carré pour tout groupe qui en contiendra davantage.

Lorsque la portion de parement à réparer aura plus d'un mètre carré de surface, on appliquera le prix de maçonneries neuves et de démolitions.

Article 85.

Lorsque les briques seront seulement exfoliées à leur surface de parement, elles seront piquées jusqu'au vif sur deux à quatre centimètres de profondeur, pour être ensuite recouvertes, soit de ciment de Pouilly, soit de ciment fin de rejointoiement. Repiquage de briques.

Article 86.

La main-d'œuvre pour appliquage de de ciment sera payée à l'entrepreneur au mètre carré. Le ciment sera payé à part, suivant le cube qui sera employé et qui sera constaté contradictoirement avec l'entrepreneur.

Article 87.

En exécutant les remplacements ou repiquages de briques, l'entrepreneur entravera le moins possible la navigation.

Il laissera écluser au moins trois fois par jour tous les bateaux qui attendraient le passage.

Il se conformera du reste à tout ce qui sera prescrit à ce sujet par les agents des ponts et chaussées.

Les faux frais occasionnés dans cette circonstance sont tenus en compte dans la composition des sous-détails, et ne pourront servir de motifs à aucune demande d'indemnités.

Les échafaudages, comme toutes les autres sortes d'ouvrages, sont à la charge de l'entrepreneur.

Article 88.

Les ragréments pour les parements en pierres de taille et même de moellons piqués seront exécutés de manière à faire disparaître les joints ou ondulations.

Article 89.

Pour jointoyer ou rejointoyer les parements en briques ou en pierres de taille après leur construction ou leur réparation, ou ceux dont les joints seulement seraient à refaire, on enlèvera au moyen d'un crochet le mortier de pose ou le vieux mortier sur une profondeur de deux à trois centimètres; on humectera les joints mis à découvert, et on y introduira de nouveau mortier. Ces joints seront ensuite frottés au lissoir et à la règle. Ils devront être rentrants et les arêtes des pierres de taille ou moellons dégagées de toute bavure de mortier.

Article 90.

Les jointoiements se feront de la même manière pour le moellon piqué ; seulement au lieu de lissoir on se servira d'une petite truelle courbe présentant des rayons de courbure variables.

Article 91.

Lorsqu'à raison de leur conformation, les moellons se toucheront par quelqu'un des points de leurs arêtes, on ouvrira le joint au ciseau pour y introduire le mortier.

Article 92.

Les joints nouvellement faits seront arrosés et abrités pendant les chaleurs, afin d'éviter l'effet de l'ardeur du soleil.

Article 93.

Les parements des pérés ou faux radiers seront exécutés en moellons dégrossis à la pointe ou au marteau et à joints incertains. La plus grande dimension sera dans l'épaisseur de la maçonnerie. La longueur moyenne de queue sera de trente-cinq centimètres, variant de vingt-cinq à quarante-cinq centimètres.

Les moellons auront leur joints taillés d'équerre au parement. Ils seront posés les uns contre les autres, de manière à se toucher par le plus grand nombre de points possibles. Ils seront calés avec des éclats de pierres, mais seulement par derrière. Le parement, qui du reste devra être bien plein, ne devra présenter aucune cale.

Article 94.

Les pérés auront cinquante centimètres d'épaisseur, mesurée perpendiculairement au talus. Les parements n'ayant que trente-cinq centimètres d'épaisseur réduite, le reste se fera en moellons bruts, arrangés avec le plus grand soin, de manière à laisser entre eux le moins de vide possible.

Article 95.

Les remblais derrière les pérés seront faits en terre fortement pilonnée et corroyée sur cinquante centimètres au moins de largeur. Ces corrois seront battus par couches successives de dix centimètres au plus, arrosés et remplis de cailloux et d'éclats de pierres.

Article 96.

L'extrémité des pérés sera exécutée en retour perpendiculairement au talus, et s'engagera dans les terres, de soixante centimètres au dedans de la surface de ce talus.

Article 97.

On choisira les plus gros moellons pour la base de ces pérés et pour leur couronnement, qui sera posé en hérisson sans augmentation de prix.

Article 98.

Pour construire les faux radiers, on battra d'abord à la hie le terrain à recouvrir, puis on y répandra une couche de débris de pierres, que l'on battra également. Sur cette couche on établira une première couche de moellons, dont les interstices seront garnis avec soin d'éclats de pierres, et que l'on battra à la hie, puis enfin, la surface de revêtement en moellons dégrossis, posés bien jointivement et solidement calés.

ARTICLE 99.

Dans les parties du canal baignées par des eaux de sources, les pérés seront fondées sur un pilotage en chêne, revêtu de vannages. Les pilots, espacés de un mètre de milieu en milieu, auront vingt centimètres d'équarrissage, et seront couronnés d'un chapeau de même épaisseur. Les vannages auront cinq centimètres d'épaisseur, et seront posés en tableaux reliés par des traverses, et cloués contre les pilots avec des broches de quinze centimètres de longueur. Les pilots seront armés de sabots en fer forgé.

Avant le battage des pilots et la pose des vannages, on déblayera et on draguera l'emplacement des fondations pour couler ensuite autour des pilots une couche de béton, dont la hauteur variera suivant les localités. Cette couche de béton servira d'assiette aux pérés, qui en même temps s'appuieront sur le pilotage. Ces pérés seront maçonnés avec du mortier de chaux hydraulique.

CHAPITRE VI.

OUVRAGES RELATIFS AUX MAISONS ÉCLUSIÈRES.

ARTICLE 100.

Lorsqu'on voudra faire des crépis ou enduits sur des maçonneries neuves, ou en réparer sur de *Crépis ou enduits.* vieilles, on enlèvera le mortier de la superficie de ces murs, et on grattera et nettoiera bien les joints; ensuite on les arrosera en y lançant de l'eau avec un balai ou une brosse, et l'on y fouettera, avec la truelle ou au balai, une couche de mortier clair; avant que cette couche soit parfaitement sèche, on y appliquera une seconde couche de six à huit millimètres d'épaisseur, tant dans les joints que sur la pierre. Cette seconde couche sera continuellement repassée à la truelle, toujours en remontant, et uni ensuite avec un lissoir en bois; cette espèce de crépissage sera considérée comme n'ayant qu'une seule couche, et n'aura qu'un centimètre d'épaisseur moyenne.

Quand le crépissage sera ordonné sur deux couches, après avoir appliqué la première, comme il vient d'être dit, sans cependant l'avoir unie au polissoir, on appliquera, avant que cette première couche ne soit sèche, la deuxième couche, qui n'aura que quatre millimètres d'épaisseur, hachant un peu la première à la truelle, pour que la seconde puisse mieux s'unir avec elle. Cette seconde couche sera ensuite pressée et polie au lissoir.

ARTICLE 101.

Pour les enduits extérieurs, on emploiera du mortier de chaux hydraulique, et pour les enduits intérieurs, du mortier de chaux grasse. Le sable sera plus fin pour la deuxième couche que pour la première.

ARTICLE 102.

Lorsque cet enduit sera posé sur des cloisons de planches, on clouera, avant de l'appliquer, des lattes sur la surface à recouvrir. L'espacement de ces lattes sera égal à leur largeur. Au lieu de lattes on pourra se servir de voliges hachées et refendues.

ARTICLE 103.

Les enduits en plâtre gris auront cinq millimètres d'épaisseur en première couche. La deuxième *Plâtrerie, enduits.* couche de plâtre blanc aura deux à trois millimètres d'épaisseur.

Lorsque le plâtre sera appliqué sur des cloisons en planches, on y clouera des lattes espacées de toute leur largeur.

ARTICLE 104.

Les plafonnages seront appliqués sur lattis *ou sur voliges refendues et hachées.* *Plafonnage.*

La première couche en plâtre gris aura de huit à neuf millimètres d'épaisseur moyenne. La seconde couche en plâtre blanc aura de deux à trois millimètres d'épaisseur.

Lorsque le premier enduit sera en mortier, il aura un centimètre d'épaisseur.

ARTICLE 105.

Les murs neufs à blanchir devront l'être quand le crépissage sera à peine sec. On les balayera *Blanchissage.* pour en ôter la poussière. Les vieux murs seront aussi bien balayés et grattés au besoin.

Les blanchissages seront exécutés avec de la chaux grasse éteinte et délayée dans de l'eau avec de la colle. On y mêlera un peu de noir de fumée pour donner une légère nuance grise.

Cette opération sera faite à trois couches. Chacune des deux dernières couches ne sera appliquée que lorsque la précédente sera bien sèche.

Article 106.

Badigeonnage.

Quand on devra badigeonner à l'extérieur, on ajoutera à la chaux coulée une partie d'ocre jaune ou rouge, égale au cinquième, et l'on délayera le tout dans une double quantité de bière aigre. On aura soin de remuer le mélange jusqu'au fond chaque fois qu'on y trempera le pinceau. Ces badigeonnages seront faits à trois couches.

Article 107.

Carrelage.

Pour établir un carrelage, on étendra sur le sol, préalablement bien battu, un lit de mortier uni, de cinq centimètres d'épaisseur. On placera les carreaux de briques par rangs parallèles au mur principal, et de manière que les joints d'un rang se trouvent en liaison avec ceux du voisin. Les joints seront fichés avec du mortier fin, bien lissés et aussi peu ouverts que possible.

Article 108.

Couverture.

On emploiera pour les couvertures des maisons éclusières des tuiles plates. Elles seront posées sur lattes en sapin, clouées par un clou sur chaque chevron, et placées de manière que chaque tuile soit recouverte sur les deux tiers de sa longeur.

Cette couverture sera payée au mètre carré, y compris lattes et clous.

Article 109.

Les tuiles faitières seront posées en mortier à recouvrement de quatre à cinq centimètres, et clouées. Elles seront payées au mètre courant.

Article 110.

Lorsqu'il s'agira de remanier les toitures en entier ou par portions, on enlèvera avec précaution les vieilles tuiles entières pour être mises en place séparément des neuves, afin de faciliter le mesurage.

Ces tuiles remaniées auront leur prix à part au mètre carré, lattis neufs et clous compris. Il y aura un prix pour le remaniement des vieux lattis.

Lorsqu'on ne remplacera que çà et là quelques tuiles, on les payera au millier.

CHAPITRE VII.

DÉMOLITIONS ET RÉTROCESSION DE VIEUX MATÉRIAUX.

Article 111.

Démolitions.

Les démolitions de vieilles maçonneries seront faites par l'entrepreneur et payés au mètre cube, non compris les transports des décombres à plus de cinquante mètres. Les transports au delà de cette distance, seront payés séparément.

Article 112.

Retrocession de matériaux.

Les matériaux de démolition des maçonneries resteront à l'administration qui pourra les faire réemployer à d'autres ouvrages.

Cependant les briques de démolition pourront être rétrocédées à l'entrepreneur, qui sera obligé de les employer pour moitié du prix des briques neuves, à charge à lui de les nettoyer, de les mettre en réserve et de les transporter au lieu d'emploi.

Ces briques ne seront jamais réemployées avant d'avoir été visitées et reçues.

Il est entendu que dans ce cas la façon et le mortier seront payés comme pour maçonneries neuves; la brique seule sera comptée pour moitié.

CHAPITRE VIII.

CLAUSES ET CONDITIONS PARTICULIÈRES DE L'ADJUDICATION.

Article 113.

L'entreprise commencera immédiatement après l'adjudication et durera jusqu'au 31 décembre 1842.

Il sera accordé à l'entrepreneur, pour se mettre en mesure, un délai d'un mois qui datera du jour de l'adjudication; passé ce délai, il sera soumis à toutes les clauses et conditions de son marché.

Article 114.

Les deux lots pourront être adjugés au même entrepreneur.

Article 115.

L'entrepreneur ne sera admis à réclamer aucune indemnité au sujet de la division des ouvrages qui sera faite par l'administration, en travaux par entreprise et en travaux de menues réparations exécutés en régie, non plus que pour les cas d'urgence où il serait jugé nécessaire, pour éviter des retards, d'établir immédiatement des ateliers, soit en régie, soit par attachement.

Article 116.

L'adjudication aura lieu par série de prix. La dépense annuelle sera réglée par les allocations du budget : elle sera d'environ quinze mille francs. L'entrepreneur sera tenu de faire, en temps utile, l'emploi des fonds alloués, *quel qu'en soit le montant,* soit en plus, soit en moins, de la somme ci-dessus.

Article 117.

Dans le courant du premier mois de chaque année, il sera dressé un état d'indication des ouvrages à exécuter dans la campagne, eu égard aux besoins du service et aux fonds dont on pourra disposer. Cet état sera remis à l'entrepreneur pour qu'il se mette en mesure d'exécuter les travaux aussi promptement que le permettront les circonstances. On y joindra les dessins et profils nécessaires à l'intelligence des projets.

Cet état pourra être modifié, si des circonstances imprévues s'opposaient à l'exécution de tous les ouvrages indiqués ou portaient à en ajourner quelques-uns pour en exécuter d'autres.

Article 118.

Dans tous les cas l'entrepreneur devra exécuter chaque espèce d'ouvrage dans les délais et aux époques qui lui seront prescrites.

Dans l'exécution de ces ouvrages, il ne devra jamais entraver la navigation, ni modifier d'aucune manière la tenue des eaux dans les biefs, sans y avoir été autorisé formellement et par écrit par les ingénieurs. Il ne sera pas admis à réclamer d'endemnité pour pertes de temps occasionnées par le passage des bateaux ou les difficultés d'exécution résultant de la hauteur des eaux.

Article 119.

Tous les matériaux nécessaires pour l'exécution des travaux à faire pendant un chômage devront être approvisionnés sur le lieu de l'emploi, mis en état de réception et prêts à être employés *quinze jours au moins* avant l'ouverture du chômage. Toutes les dispositions seront prises pour commencer les travaux immédiatement et les pousser avec la plus grande activité.

Article 120.

Si dans le cas d'un chômage ou toute autre circonstance pressante, l'entrepreneur ne prenait pas les mesures nécessaires pour fournir à l'époque prescrite les outils et matériaux demandés, ou ceux d'approvisionnement, et s'il n'employait pas le nombre d'ouvriers jugés nécessaires pendant l'exécution des travaux, il y serait pourvu par une régie à ses frais et sans aucun retard par les soins de l'ingénieur, qui rendrait compte de suite au préfet des motifs de cette mesure, laquelle pourrait être confirmée ou suspendue par l'administration.

Article 121.

L'entrepreneur devra avoir constamment aux carrières des approvisionnements suffisants pour ccidents imprévus qui pourraient arriver.

5

ARTICLE 122.

Les matériaux approvisionnés qui ne seraient pas reconnues de bonne qualité seront enlevés par l'entrepreneur dans l'espace de temps qui lui sera assigné; sinon il y serait pourvu à ses frais. Cette mesure est indispensable pour prévenir l'emploi des matériaux défectueux.

ARTICLE 123.

L'entrepreneur sera payé de ses ouvrages d'après les métrés ou attachements tenus contradictoirement par lui et un agent de l'administration.

ARTICLE 124.

Il surveillera tous les travaux qui se feront soit par entreprise, soit par attachement. Il sera responsable de leur bonne exécution.

Il devra se conformer à tous les ordres qui lui seront donnés *par écrit* par les ingénieurs.

ARTICLE 125.

Il sera fait à l'entrepreneur sur le montant des ouvrages exécutés une retenue de garantie d'un dixième, qui s'exercera pendant une année. Pendant ce délai l'entrepreneur restera responsable de ses ouvrages, et l'entretien en sera à ses frais. Les payements de solde ne pourront, dans tous les cas, lui être faits qu'après la réception définitive, et après qu'il aura justifié par des quittances en forme qu'il a payé toutes les indemnités de carrières et les indemnités de terrains à sa charge.

ARTICLE 126.

L'entrepreneur devra en tout point se conformer au cahier des clauses et conditions générales du 25 août 1833, dont il sera donné connaissance aux concurrents.

Fait et présenté par l'ingénieur en chef soussigné.
Strasbourg, le 9 juin 1838.   Signé MOSSÈRE.

Vu par nous préfet du Doubs.
Besançon, le 13 juin 1838.

Pour le préfet en congé, le conseiller de préfecture délégué,

Signé MAISTRE.

Approuvé conformément à ma lettre de ce jour.
Paris, le 4 septembre 1839.

Le ministre secrétaire d'État des travaux publics.

Signé DUFAURE.

Rectifié conformément à la lettre d'approbation de M. le ministre des travaux publics, en date du 4 septembre 1839.
Strasbourg, le 16 octobre 1839.

L'ingénieur en chef, MOSSÈRE.

CANAL DU RHONE-AU-RHIN.

(DIVISION DU NORD·)

DÉPARTEMENT DU BAS-RHIN.

PREMIER LOT DE TRAVAUX D'ENTRETIEN.

TERRASSEMENTS ET MAÇONNERIES.

SOUS-DÉTAILS

Des prix des ouvrages du premier lot à exécuter en 1840, 1841 et 1842, pour l'entretien du canal et de ses dépendances entre l'écluse n° 64, d'Artzenheim et l'embouchure dans la rivière d'Ill, en aval de l'écluse n° 85, de Strasbourg.

CHAPITRE PREMIER.

PRIX DES JOURNÉES.

TRANSPORTS.

(*Nota.* La journée est supposée de dix heures de travail.)

Cheval de halage avec son conducteur	6ᶠ50
Idem sans conducteur	4,00
Voiture à un collier avec son conducteur	5,50
Idem à 2 colliers	9,00
Idem à 3 colliers	12,00
Batelier ou patron	2,50
Loyer d'un bateau du port de 75 tonneaux muni de tous ses agrès et y compris les frais d'entretien.	4,00

CURAGES, TERRASSEMENTS, GAZONNAGES, ETC.

Terrassier dresseur	1,70
Manœuvre	1,50
Faible manœurve, femme ou enfant	1,00
Fort manœuvre travaillant dans l'eau	2,00

MAÇONNERIES.

Appareilleur	5,00
Tailleur de pierre	3,00
Maçon	2,50

Plâtreur 2ᶠ60
Fort manœuvre 1,70
Manœuvre ordinaire 1,50
Goujat 1,25

CHAPITRE II.

TRANSPORTS ET TERRASSEMENTS.

Jet à la pelle ou charge. Nᵒ 1. Prix de chaque jet de pelle à 3 mètres horizontalement ou 1ᵐ,60 verticalement et en sus du premier jet, compris dans la fouille d'un mètre cube de terre déjà fouillé de sable ou gravier, ou de la charge en brouette ou en tombereau, d'un mètre cube de terre, gravier ou moellons, jet ou charge. (Voir l'art. 9 du devis.)

0ʰ,70 de manœuvre à 0ᶠ,15 l'une . . . . 0ᶠ105   Porté en compte.
Un vingtième pour outils et faux frais. 0,005

Ensemble . . . 0,110

Un dixième de bénéfice pour l'entrepreneur 0,011

Prix d'un jet à la pelle ou charge d'un mètre cube 0,121   0ᶠ12

Transport à la brouette. Nᵒ 2. Prix du transport à la brouette à un relais de 30 mètres en plaine ou 20 mètres en rampe de 0ᵐ,08 par mètre, d'un mètre cube de terre, gravier, moellons et matière de toute espèce. (Voir l'art. 10 du devis.)

0ʰ,70 de manœuvre à 0ᶠ,15 l'heure 0,105

0,105
Un vingtième pour outils et faux frais 0,005

Ensemble . . . 0,110
Un dixième de bénéfice 0,011

Prix du mètre cube . . . 0,121   0,12

Nᵒ 3. Prix du transport à un demi-relais de 15ᵐ,00 en plaine et de 10ᵐ,00 en rampe de 0ᵐ,08 par mètre, d'un mètre cube de terre, gravier, moellons et matière de toute espèce.

0ʰ,35 de manœuvre à 0ᶠ,15 l'heure 0ᶠ052
Un vingtième pour outils et faux frais. 0,003

0,055
Un dixième de bénéfice 0,005

Prix du mètre cube . . . 0,060   0,06

Nᵒ 4. Prix du transport à la brouette pour chaque relais en sus du premier.

0ʰ,60 de manœuvre à 0ᶠ,15 0,090
Un vingtième pour outils et faux frais. 0,004

0,094
Un dixième de bénéfice 0,009

Prix du mètre cube . . . 0,103   0,10

Nᵒ 5. Prix du transport à la brouette pour chaque demi-relais en sus du premier relais.

0ʰ,30 de manœuvre à 0ᶠ,15 . . . . 0ᶠ045
Un vingtième de faux frais 0,002

0,047
Un dixième de bénéfice 0,005

Prix du mètre cube . . . 0,052   0,05

N° 6. On supposera que les transports seront faits avec une voiture à trois colliers, payée 12 fr. par jour, conducteur compris, portant une charge de 1800 kilogrammes et pouvant parcourir 32,000 mètres, si elle marchait constamment.

La formule des transports est : $12^r,00 \times \dfrac{2d + d'}{v \times 32000}$

v est le volume transporté par voyage.

d est la distance des transports.

d' la distance que parcourrait la voiture pendant le temps du chargement et du déchargement.

Transport au tombereau.

TABLEAU

des transports d'après la formule (y compris le retour).

DÉSIGNATION DES MATÉRIAUX.	TERRES, GAZONS.	SABLE, MOELLONS ou GRAVIER.	MOELLONS PIQUÉS ou LIBAGES.	PIERRES DE TAILLE.	BOIS, ou CHAUX VIVE ou GRAVIER.	BRIQUES.
Volume transporté par voyage..	$1^m,50$	$1^m,20$	$0^m,90$	$0^m,75$	$2^m,25$	$1^m,00$
Distance correspondant à la charge et à la décharge.	700^m	800^m	1500^m	3000^m	1800^m	1300^m
Prix brut du transport du mètre cube pour la première distance de 100 mètres en plaine.	$0^r,225$	$0^r,312$	$0^r,708$	$1^r,60$	$0^r,333$	$0^r,562$
Prix brut du transport du mètre cube pour chaque distance de 100 mètres en sus de la première.	$0^r,050$	$0^r,063$	$0^r,083$	$0^r,100$	$0^r,034$	$0^r.075$

OBSERVATIONS.

La main-d'œuvre pour chargement et déchargement n'est point comprise dans ces prix.

Il sera compté en sus dans l'application un vingtième pour faux frais et un dixième de bénéfice.

Les rampes de $0^m,08$ par mètre seront comptées comme double distance en plaine. (Voir l'art. 11 du devis.)

N° 7. Prix du transport par eau du mètre cube de matière de toute espèce. Transport par eau.

Un bateau du port de 75,000 kilogrammes, et payé 4 fr. par jour pendant le temps du chargement et du déchargement, et 16 fr. quand il est en marche, avec un patron, deux aides, un cheval et un postillon, parcourrait, en marchant constamment, 20,000 mètres moyennement par jour, à charge et à vide.

Le passage à une écluse équivaut à 500 mètres parcourus.

Le temps du chargement et du déchargement est évalué, à quatre jours pour la pierre de taille, et à deux jours pour toutes les autres matières.

TABLEAU

Des prix des transports par eau calculés d'après les données d'autre part et d'après les tarifs de droits de navigation.

DÉSIGNATION DES MATÉRIAUX.	TERRE, SABLE, GRAVIER, GAZONS.	MOELLONS.	MOELLONS PIQUÉS et LIBAGES.	PIERRES DE TAILLE.	BOIS de CONSTRUCTION.	CHAUX VIVE.	BRIQUES, TUILES.
Volume transporté par voyage.	60ᵐ	50ᵐ	36ᵐ	30ᵐ	80ᵐ	60ᵐ	40ᵐ
Prix du bateau pour chargement et déchargement d'un mètre cube.	0ᶠ,133	0ᶠ,160	0ᶠ,222	0ᶠ,533	0ᶠ,100	0ᶠ,133	0ᶠ,200
Prix du transport d'un mètre cube pour chaque kilomètre de distance, y compris le retour à vide et les droits de navigation.	0ᶠ,036	0ᶠ,042	0ᶠ,059	0ᶠ,068	0ᶠ,033	0ᶠ,038	0ᶠ,052
Prix du passage à chaque écluse, pour un mètre cube, retour compris.	0ᶠ,013	0ᶠ,016	0ᶠ,022	0ᶠ,027	0ᶠ,010	0ᶠ,013	0ᶠ,020

OBSERVATIONS.

La première ligne de ces prix ne comprend pas la main-d'œuvre du chargement et du déchargement.

Le prix total du transport se composera de l'addition des trois prix du chargement, du transport et du passage des écluses.

Les prix ci-dessus comprenant le retour, on ne prendra pour la distance que la distance réelle, et non celle de l'aller et retour.

Dans l'addition de ces prix on ajoutera un vingtième pour faux frais, et un dixième de bénéfice.

Terrassements.

Nº 8. Prix d'un mètre cube de terre forte, graveleuse et de toute nature, fouillée à la pioche, chargée en tombereau ou en brouette, ou déposée à un jet de pelle.

Fouille : 0ʰ,80 de terrassier à 0ᶠ,17 l'heure . . . . 0ᶠ136 Porté

Charge ou jet : 0ʰ,70 de manœuvre à 0ᶠ,15 . . . . 0,105 en compte.

0,241

Un vingtième pour outils et faux frais. 0,012

0,253

Un dixième de bénéfice 0,025

Prix du mètre cube. . . 0,278   0ᶠ28

Curages hors de l'eau.

Nº 9. Prix d'un mètre cube de vase ou sable fouillé hors de l'eau, chargé en brouette ou déposé à un jet de pelle, y compris façon et recomblement des rampes.

Fouille, jet ou charge : 1 heure d'ouvrier, ci. 0ᶠ170

Un vingtième pour outils et faux frais 0,008

0,178

Un dixième de bénéfice 0,018

Prix du mètre cube. . . 0,196   0,20

N° 10. Prix du mètre cube de vase, sable ou gravier fouillé dans l'eau à moins de 0^m,20 sous l'eau, déposé à un jet de pelle ou chargé en brouette, tout compris.

Fouille et jet ou charge : 1^h,20 de terrassier, à 0^f,20 l'heure . . . . 0^f240
Un vingtième pour outils et faux frais 0,012
0,252
Un dixième de bénéfice 0,025
Prix du mètre cube. . . 0,277   0^f28

N° 11. Prix du mètre cube de terre, vase ou gravier fouillé à la bêche à une profondeur sous l'eau de 0^m,20 à 0^m,50 et à un jet de pelle.

Deux heures de fort manœuvre, à 0^f,20 l'heure . . . . 0^f400
Un dixième pour outils, échafaudages et autres faux frais 0,040
0,440
Un dixième de bénéfice 0,044
Prix du mètre cube. . . 0,484   0,48

N° 12. Prix du mètre cube de vase, sable, graviers, etc., enlevés à la drague à une profondeur variant de 0^m,50 à 2 mètres sous l'eau, déposés sur un bateau, et non compris le transport et le déchargement qui seront comptés en sus.

Draguage : 6 heures de dragueur à 0^f,20 . . . . 1^f200
Loyer du bateau pendant le chargement et le déchargement, ci (n° 7) . . . 0,133
1,333
Un dixième pour outils, échafaudages, cordages et autres faux frais 0,133
1,466
Un dixième de bénéfice 0,146
Prix du mètre cube. . . 1,612   1,61

N° 13. Prix d'un mètre cube de vase, sable, graviers, etc., enlevés à la drague à une profondeur variant de 0^m,50 à 2 mètres sous l'eau déposés dans les brouettes, mais non compris le transport et le déchargement qui seront comptés en sus.

Draguage : 6 heures de dragueur à 0^f,20 . . . . 1^f200
Un dixième pour outils, échafaudages et autres faux frais 0,120
1,320
Un dixième de bénéfice 0,132
Prix du mètre cube. . . 1,452   1,45

N° 14. Prix du damage d'un mètre cube de terre régalée par couches de 0^m,18 au plus d'épaisseur et purgée de racines, pour confection de digues, rampes, etc., en remblais.

0^h,40 de manœuvre à 0^f,15 l'heure . . . . 0^f060
Un vingtième pour outils et faux frais 0,003
0,063
Un dixième de bénéfice 0,006
Prix du mètre cube. . . 0,069   0,07

N° 15. Prix de la main-d'œuvre pour régaler, purger de racines, gazons ou pierrres, arroser et damer par couches de 0^m,16 à 0^m,18 d'épaisseur, un mètre cube de terre en remblais pour levée ou digue.

0^h,70 de terrassier à 0^f,17 l'heure . . . . 0^f119
Un vingtième pour outils et faux frais 0,006
0,125

Curages dans l'eau.

Porté en compte.

Curages à plus de 0^m,20 sous l'eau.

	D'autre part . . .	0^f125	Porté
Un dixième de bénéfice		0,012	en compte.

Prix du mètre cube. . . 0,137   0^f14

Dressement de talus. N° 16. Dressement de talus au mètre carré, soit en remblais, soit en déblais.

0^h,25 de terrassier à 0^f,17, ci 0,042
Un vingtième pour outils et faux frais. 0,002

0,044

Un dixième de bénéfice 0,004

Prix du mètre carré. . . 0,048   0,05

Charge en bateau et décharge. N° 17. Prix du chargement en bateau, déchargement après le transport et arrangement sur les levées, d'un mètre cube de terre, sable, gravier ou moellons.

Double chargement en brouette ou chargement et déchargement : 1^h,40 d'ouvrier à 0^f,15, ci . . . . 0^f210

0,210

Double transport sur le bateau et ensuite sur la levée: 1^h,70 d'ouvrier à 0^f,15, ci   0,255

0,465

Régalage et arrangement sur les levées : 0^h,90 d'ouvrier à 0^f,15. 0,135

0,600

Un dixième pour outils et transport de brouettes 0,060

0,660

Un dixième de bénéfice 0,066

Prix du mètre cube. . . 0,726   0,73

Gravier. N° 18. Prix du mètre cube de gravier, extrait sur les francs-bords, transporté à un relai et emmétrés sur les levées pour le rechargement des chemins de halage, la confection ou la fabrication du béton.

Fouille à la pioche: un huitième de journée d'ouvrier, payé 1^f,50 par jour. . . 0^f188
Passage à la claie 0,188
Triage des cailloux trop gros: un dixième de journée à 1^f,50 0,150
Charge : prix (n° 1). 0,105
Transport à un relai (n° 2) 0,105
Emmétrage sur les levées : un trentième de journée à 1^f,50 0,050

0,786

Un vingtième pour outils et faux frais 0,039

0,825

Un dixième de bénéfice 0,082

Prix du mètre cube. . . 0,907   0,91

Nota. Le prix de 0^f,91 sera modifié suivant la distance des transports et conformément aux bases du présent bordereau.

Gazonnements. N° 19. Prix d'un mètre cube de gazonnements posés par assises horizontales en carreaux de 0^m,20 à 0^m,25 de longueur, 0^m,20 de queue réduite et 0^m,05 à 0^m,08 d'épaisseur, non compris le dressement des talus.

Coupes des gazons, 4 heures de terrassier à 0^f,17 . . . . 0^f680
Un quinzième de déchet après la coupe, ci 0,045

0,725

Charge en voiture : 1 heure d'ouvrier à 0^f,15 0,150

1,875

D'autre part. . . .	0ᶠ875	Porté en compte.
Transport à une distance réduite de 4 kilomètres, prix du n° 6	2,175	
Décharge, ci.	0,150	
0ᵐ,15 cube de gravier, à 0ᶠ,786 le mètre (n° 18), ci	0,118	
Transport des 0ᵐ,15 de gravier à une distance réduite de 600 mètres, à 0,50 fr. le mètre (n° 6).	0,087	
Pose: un poseur payé 1ᶠ,70 et un aide payé 1ᶠ,50, poseront dans leur journée 3 mètres cubes, ce qui fait revenir le mètre à	1,067	
Arrosage, damage à deux reprises: deux tiers de journée de manœuvre à 1ᶠ,50 .	1,000	
	5,472	
Un quart de déchet après la pose	1,368	
	6,840	
Un vingtième pour outils et faux frais.	0,342	
	7,182	
Un dixième de bénéfice	0,718	
Prix du mètre cube. . .	7,900	7ᶠ90

Nota. Le prix des gazonnements changera suivant la distance des transports et d'après les bases du présent bordereau.

N° 20. Prix du mètre carré de revêtement en gazons, y compris les remblais corroyés derrière les gazons et en supposant les talus inclinés à 3 de base sur 2 de hauteur.

La largeur horizontale étant de 0ᵐ,20, l'épaisseur mesurée perpendiculairement au talus sera de 0ᵐ,12.

0ᵐ,12 cube de gazons à 7ᶠ,182 le mètre, prix n° 19, y compris les faux frais, ci	0ᶠ862	
Dressement de la surface et recoupe	0,050	
Détail du mètre cube de remblai corroyé, y compris les faux frais.		
Fouille et charge (n° 8). 0,253		
Transport à trois relais et jet à la pelle (n°ˢ 1, 2 et 4) 0,408		
Régalage et damage (n° 15) 0,125		
Prix du mètre cube. . . 0,786		
	0,912	
Il entrera moyennement par mètre carré de surface de talus, en supposant une largeur horizontale de 0ᵐ,50, un cube de 0ᵐ,30 de terres corroyées avec gravier, à 0ᶠ,786 le mètre	0,236	
	1,148	
Un dixième de bénéfice	0,115	
Prix du mètre carré. . .	1,263	1,26

N° 21. Prix de la main-d'œuvre d'un mètre cube de corroi neuf.

Nota. Les fournitures de terre, gravier et chaux seront comptés à part pour leur prix, ou celui de la fouille et du transport.

Fouille de l'emplacement des corrois, façon de refouillements en gradins sur les parois: 2ʰ,50 de terrassier à 0ᶠ,17 l'heure	0ᶠ425
Triage de la bonne terre à extraire des déblais, extraction au rateau du gravier des mêmes déblais et rejet des terres inutiles: 1 heure de manœuvre à 0ᶠ,15. .	0,150
Remaniement à la pelle de la terre argileuse, extraction de pierres et racines, jet et régalage par couches de 0ᵐ,08 d'épaisseur: 2 heures à 0ᶠ,15	0,300
Premier damage: 0ʰ,50 à 0ᶠ,15	0,075
	0,950

D'autre part. . . . 0ʳ950 Porté
en compte.

Pose et arrangement de gros et menu gravier, d'un cube total de 0ᵐ,30 : 0ʰ,50
d'un enfant à 0ʳ,10 l'heure 0,050

Arrosage à plusieurs reprises au lait de chaux, y compris le transport de l'eau
et façon du lait de chaux : 1 heure à 0ʳ,15 0,150

Damage à plusieurs reprises sur le gros et le menu gravier : 1ʰ,50 à 0ʳ,15, ci. . 0,225

Battage à la dame plate, recoupe et dressement des talus : 0ʰ,50 à 0ʳ,15, ci. . 0,075

. 1,450

Un vingtième pour faux frais, outils, etc. 0,072

1,522

Un dixième de bénéfice 0,152

Prix du mètre cube. . . 1,674   1ʳ67

N° 22. Prix d'un mètre cube de contre-forts en terres graveleuses et clayonnages pour garantir les digues faibles.

Nota. Dans ce prix on n'a pas porté le transport des terres à plus d'un relais. Ce transport sera payé en sus.

Quatre piquets à 32 fr. les cent bottes, de 25 piquets par botte, ci 0ʳ051

Une botte de clayons à 35 fr. les cent bottes de 25 bris, ci pour une botte . . 0,350

Affûtage, alignement et battage des quatre piquets, coupe à ras des couches
après le tressage des clayons : 0ʰ,04 de journée à 1ʳ,50 0,060

Tressage des clayons 0,060

Transport à la brouette et jet à la pelle de dessus la digue sur les clayonnages et
régalement des déblais par couche de 0ᵐ,10 d'épaisseur, rechargement en cailloux
et menu gravier, arrosage et fort damage; façon de liaisons en gradins dans la
digue, décapement et enlèvement des gazons, etc. : 0ʰ,35 de journée à 1ʳ,50 . . 0,525

1,046

Un vingtième de faux frais 0,052

1,098

Un dixième de bénéfice 0,110

Prix du mètre cube. . . 1,208   1,21

N° 23. Prix de la fourniture et de la plantation d'un pied de jeune peuplier, provenant des pépinières de l'administration.

Enlèvement de l'arbre et transport 0ʳ150

Façon d'un trou de 1 mètre de côté sur 0ᵐ,60 de profondeur 0,150

0ᵐ,10 cube de terre végétale, fouillée par un homme, portée à trois relais
moyennement et maniée ensuite à un jet de pelle, à 0ʳ,653 (nᵒˢ 2, 4, 8 et 15) . 0,065

Pose, plantation et remplissage du trou 0,200

0,565

Un vingtième pour outils et faux frais. 0,028

0,593

Un dixième de bénéfice 0,059

Prix du pied. . . 0,652   0,65

N° 24. Prix pour fourniture et plantation d'un pied de jeune peuplier acheté dans les pépinières de Zelsheim, Taubensand, etc.

Achat et transport 0ʳ370

0,370

D'autre part . . .	0'370	*Porté*
Plantation comme au n° 23 , ci	0,415	*en compte.*
	0,785	
Un vingtième de faux frais	0,039	
	0,824	
Un dixième de bénéfice	0,082	
Prix du pied . . .	0,906	0'91

N° 25. Prix pour garniture d'un arbre en épines assujetties au moyen de deux liens.
Le tout est estimé, y compris faux frais et bénéfice, à 0,20

CHAPITRE III.

MAÇONNERIES.

ARTICLE PREMIER. — MATÉRIAUX DE CONSTRUCTION.

N° 26. Prix du mètre cube de chaux grasse vive rendue au lieu d'emploi.

Le mètre cube rendu au canal coûtera	25'00		Chaux.
Un vingtième pour faux frais	1,25		
	26,25		
Un dixième de bénéfice	2,63		
Prix du mètre cube	28,88	28,88	

N° 27. Prix du mètre cube de chaux hydraulique vive d'Obernai rendue sur les chantiers.

Un mètre cube de chaux vive d'Obernai rendue au canal à toute distance entre
Marckolsheim et Strasbourg, coûte. . . . . 32'00
Déchargement et emmagasinage 0,50
                                                                            32,50
Un vingtième de faux frais 1,62
                                                                            34,12
Un dixième de bénéfice 3,41
                                Prix du mètre cube . . . 37,53   37,53

N° 28. Prix du mètre cube de ciment de Pouilly dit Lacordaire, rendu au lieu d'emploi.

Le mètre cube pesant 1234 kilogrammes coûte à Strasbourg, à raison de 14 fr. les
100 kilogrammes, ci . . . . 172'76
Transport par eau au lieu d'emploi, à raison de 0',50 les 100 kilogrammes, ci   6,17
                                                                            178,93
Un cinquantième de faux frais 3,58
                                                                            182,51
Un dixième de bénéfice 18,25
                                Prix du mètre cube . . . 200,76   200,76

Ciment Lacordaire.

N° 29. Prix du mètre cube de sable de la rivière d'Ill ou de la Bruche, rendu au lieu
d'emploi.

Le mètre cube de sable de la Bruche rendu à l'écluse n° 85 ou de la rivière d'Ill rendu
à l'écluse n° 80, coûte. . . . . 2'700
Charge en bateau et débarquement (n° 17) 0,600
                                                                            3,300

Sable.

D'autre part. . . . 3^f300   Porté en compte.

Transport à 27 kilomètres de distance réduite, passage de 10 écluses et droits de navigation (n° 7) ci. . . . . 1^f235

                                                 4,535

Un vingtième de faux frais 0,227

                                                  4,762

Un dixième de bénéfice 0,476

Prix du mètre cube . . . 5,238   5^f24

N° 30. Prix du mètre cube de sable passé au tamis fin, pour rejointoiements, crépissages, etc.

Le mètre cube de sable, rendu aux chantiers, coûte, ci . . . . 4^f535

Passage au tamis : trois heures de manœuvre à 0^f,15 0,450

                                                  4,985

Un cinquième de déchet 0,997

                                                  5,982

Un vingtième de faux frais 0,299

                                                  6,281

Un dixième de bénéfice 0,628

Prix du mètre cube . . . 6,909   6,91

N° 31. Prix d'un mètre cube de ciment de tuileaux, pour maçonneries de parement.

Le mètre cube de tuileaux coûte rendu aux chantiers . . . . 8^f000

Battage et passage au tamis : quatre journées et demie à 1^f,70 7,650

                                                  15,650

Un vingtième pour frais de hangars, tonneaux, etc. 0,782

                                                  16,432

Un vingtième de faux frais 0,822

                                                  17,254

Un dixième de bénéfice 1,725

Prix du mètre cube . . . 18,979   18,98

N° 32. Prix du mètre cube de ciment fin pour mortier de rejointoiement.

Le mètre cube de tuileaux coûte rendu aux chantiers . . . . 8^f000

Battage et passage au tamis : cinq journées d'ouvrir à 1^f,70 8,500

                                                  16,500

Un vingtième pour hangars et fourniture de tonneaux 0,825

                                                  17,325

Un vingtième pour outils et faux frais 0,866

                                                  18,191

Un dixième de bénéfice 1,819

Prix du mètre cube . . . 20,010   20,00

N° 33. Prix du mètre cube de trass en poudre, rendu aux chantiers.

Le mètre cube de trass en poudre pris à Strasbourg et pesant 1080 kilogrammes, coûte . . . . 100^f000

                                                  100,000

D'autre part . . . . 100ʳ000 Porté en compte.

Entonnelage 4,000

Transport du magasin au canal 0,750

Embarquement 1,000

Transport à 27 kilomètres de distance réduite, à 0ʳ,50 les 100 kilogrammes;
prix du commerce, ci 5,400

Déchargement et emmagasinage 1,500

112,650

Un cinquantième de faux frais 2,253

114,903

Un dixième de bénéfice 11,490

Prix du mètre cube . . . 126,393   126ʳ39

N° 34. Prix du mètre cube de trass fourni en moellons et pilonné sur les chantiers.

Le mètre cube de trass en moellons coûtera, rendu aux chantiers et tout compris, comme
au n° 33 . . . . 126ʳ393

Pilonnage, passage au tamis fin, etc., comme au n° 32, y compris faux frais et
bénéfice 10,308

Prix du mètre cube . . . 136,701   136,70

N° 35. Prix du mètre cube de chaux grasse éteinte.

Le mètre cube de chaux vive coûte (n° 26) 25ʳ000

Transport d'eau, extinction : une journée et demie à 1ʳ,50 2,250

Frais de bassin 0,300

27,550

Le foisonnement donnera 1ᵐ,50 cube de chaux éteinte, ce qui fait revenir le
mètre cube à 18,367

Un vingtième de faux frais 0,918

19,285

Un dixième de bénéfice 1,928

Prix du mètre cube . . . 21,213   21,21

N° 36. Prix du mètre cube de mortier de chaux grasse et sable pour maçonneries ordinaires.

Il entre par mètre cube de mortier 0ᵐ,45 de chaux grasse en pâte à 18ʳ,367 le mètre
(n° 35) 8ʳ265

0ᵐ,90 de sable 4ʳ,535 (n° 29) 4,082

Fabrication au rabot : 12 heures d'ouvrier à 0ʳ,15 1,800

14,147

Un vingtième de faux frais, etc. 0,707

14,854

Un dixième de bénéfice 1,485

Prix du mètre cube . . . 16,339   16,34

N° 37. Prix du mètre cube de mortier de chaux grasse et sable fin pour enduits.

0ᵐ,45 de chaux (n° 36), ci 8ʳ265

0ᵐ,90 de sable fin à 5,982 fr. (n° 30) 5,384

Fabrication comme au n° 36, ci 1,800

15,449

D'autre part. . . . 15ʳ449 ^{Porté}

Un vingtième pour outils et faux frais . . . . 0,772 ^{en compte.}

16,221

Un dixième de bénéfice 1,622

Prix du mètre cube. . . 17,843   17ʳ84

Chaux hydraulique éteinte.

N° 38. Prix du mètre cube de chaux hydraulique d'Obernai, éteinte, en poudre.

Le mètre cube de chaux vive coûte (n° 27) 32ʳ50

Transport d'eau et extinction de la chaux : deux journées et demie à 1ʳ,50 . . 3,75

Tamisage : 8 heures à 0ʳ,15 1,20

Un mètre cube de chaux vive donnera 1ᵐ,50 de chaux en poudre sèche, coûtant. 37,45

Le mètre cube coûtera donc. . . . , ... 24,966

Un vingtième pour outils et faux frais 1,248

26,214

Un dixième de bénéfice 2,621

Prix du mètre cube. . . 28,835   28,84

Mortier de chaux hydraulique et sable.

N° 39. Prix du mètre cube de mortier et de chaux hydraulique et sable, pour maçonnerie ordinaire.

1ᵐ,00 cube de sable (n° 29). 4ʳ535

0ᵐ,50 cube de chaux hydraulique éteinte, à raison de 24ʳ,966 le mètre (n° 38) . 12,483

Fabrication au rabot, y compris mesurage et bardage des matériaux : une journée et demie à 1ʳ,50 2,250

19,268

Un vingtième pour outils et faux frais . . . : 0,963

20,231

Un dixième de bénéfice 2,023

Prix du mètre cube. . . 22,254   22,25

N° 40. Prix du mètre cube de mortier de chaux hydraulique avec sable fin pour enduits, etc.

1ᵐ,00 cube de sable (n° 30). 5ʳ982

Chaux, comme au n° 39. 12,483

Main-d'œuvre, ci 2,250

20,715

Un vingtième pour outils et faux frais 1,036

21,751

Un dixième de bénéfice 2,175

Prix du mètre cube. . . 23,926   23,93

Béton.

N° 41. Prix du mètre cube de béton, y compris le bardage et la pose.

0ᵐ,70 cube de sable à 4ʳ,535 (n° 29). 3,175

0ᵐ,30 cube de chaux hydraulique à 32ʳ,50 (n° 27) 9,750

0ᵐ,90 cube de gravier à 1ʳ,671 (n°ˢ 1 , 6 et 18). 1,504

14,429

Fabrication au rabot et à la pelle : 1 journée et trois quarts de manœuvre à 1ʳ,50, ci. 2,625

Ensemble. . . 17,054

Les matériaux ci-dessus donneront 1ᵐ,55 cube de béton : le mètre cube coûtera donc. 11ʳ002

D'autre part. . . . 11ᶠ002   Porté en compte.

Bardage et pose : une demi-journée d'ouvrier à 1ᶠ,50 0,750

    11,752

Un vingtième pour outils, échafaudages et faux frais. 0,588

    12,340

Un dixième de bénéfice 1,234

Prix du mètre cube. . . 13,574   13ᶠ57

Nº 42. Prix d'un mètre cube de mortier de chaux hydraulique, sable et ciment ordinaire, pour maçonnerie de parement.

0ᵐ,50 cube de sable à 5ᶠ,982 (nº 30). 2ᶠ996

0ᵐ,50 cube de ciment à 15ᶠ,65 (nº 31) 7,825

0ᵐ,50 cube de chaux hydraulique éteinte, en poudre, à 24ᶠ,966 (nº 38). . . 12,483

Fabrication au rabot : 1 journée et demie à 1ᶠ,50 2,250

    25,554

Un vingtième pour outils et faux frais 1,278

    26,832

Un dixième de bénéfice. 2,683

Prix du mètre cube. . . 29,515   29,52

Nº 43. Prix du mètre cube de mortier de chaux hydraulique, sable et ciment fin, pour rejointoiements.

0ᵐ,50 cube de chaux hydraulique éteinte, en poudre, à raison de 24ᶠ,966 le mètre (nº 38). 12ᶠ483

0ᵐ,35 de sable fin à 5ᶠ,982 (nº 30) 2,094

0ᵐ,70 de ciment fin à 17ᶠ,325 (nº 32) 12,128

Fabrication du mortier : 12 journées de manœuvre à 1ᶠ,50 18,000

    44,705

Un vingtième pour outils et faux frais 2,235

    46,940

Un dixième de bénéfice 4,694

Prix du mètre cube. . . . 51,634   51,63

Nº 44. Prix du mètre cube de moellons ordinaires de Wolxheim, rendus sur les chantiers.

Le mètre cube coûte, rendu au canal de la Bruche 4ᶠ600

Transport sur le canal de la Bruche jusqu'à l'écluse nº 85 1,000

Transport sur le canal du Rhône-au-Rhin, de l'écluse nº 85 aux divers chantiers et à une distance réduite de 27 kilomètres, passage de dix écluses, droits de navigation (nº 7) 1,454

Embarquement et débarquement (nº 17) 0,600

Emmétrage. 0,250

    7,904

Un vingtième de faux frais 0,395

    8,299

Un dixième de bénéfice 0,830

Prix du mètre cube. . . 9,129   9,13

Nº 45. Prix du mètre cube de moellons de choix pour construction de pérés.

Le mètre cube rendu à l'écluse nº 85, coûte 6ᶠ300

D'autre part. . . .	6ᶠ300	Porté
Embarquement, transport, débarquement, etc	2,304	en compte.
	8,604	
Un vingtième de faux frais	0,430	
	9,034	
Un dixième de bénéfice	0,903	
Prix du mètre cube . .	9,937	9ᶠ94

N° 46. Prix du mètre cube de libages ou de moellons de grand appareil, ébauchés pour être piqués avec ciselures, provenant des carrières de Wolxheim..

Le mètre cube de moellons coûte, rendu à l'écluse n° 85	7ᶠ000	
Embarquement, transport à vingt-sept kilomètres de distance réduite, pasage de dix écluses, droits de navigation, débarquement et emmétrage (n°ˢ 7, 17 et 44)	2,885	
	9,885	
Un vingtième pour faux frais	0,494	
	10,379	
Un dixième de bénéfice	1,038	
Prix du mètre cube. . .	11,417	11,42

N° 47. Prix du mètre cube de pierre de taille de haut appareil des carrières de Wasselonne, rendue aux divers chantiers.

Le mètre cube de pierre de taille des carrières de Wasselonne coûte, rendue à l'écluse n° 85, ci	40ᶠ000	
Chargement en bateau et déchargement : un atelier composé de huit manœuvres à 1ᶠ,50 et d'un bardeur à 2ᶠ00, emploiera une heure, ci.	1,400	
Transport à vingt-sept kilomètres de distance réduite, passage de dix écluses et droits de navigation (n° 7).	2,639	
	44,039	
Un vingtième pour faux frais	2,202	
	46,241	
Un dixième de bénéfice	4,624	
Prix du mètre cube. . .	50,865	50,87

N° 48. Prix du mètre cube de pierre de taille de bas appareil, provenant des carrières de Wasselonne ou de Mutzig.

Le mètre cube coûte, rendu à l'écluse n° 85	36ᶠ000	
Embarquement, transport et débarquement, comme au n° 47.	4,039	
	40,039	
Un vingtième pour faux frais	2,002	
	42,041	
Un dixième de bénéfice	4,204	
Prix du mètre cube. . .	46,245	46,25

N° 49. Prix d'un cent de briques, échantillon du canal, provenant des fours de Plobsheim, Grafft, Rhinau et autres fours voisins du canal et transportés aux divers chantiers.

Le cent de briques rendu au canal au point le plus près de la briqueterie, coûte .	5ᶠ500
Chargement en bateau et déchargement, ci	0,300
Transport à treize kilomètres de distance réduite, passage de six écluses et droits de navigation, en considérant qu'il entre 500 briques dans un mètre cube (n° 7)	0,199
	5,999

D'autre part. . . .	5ᶠ999	Porté
Un vingtième de faux frais	0,300	en compte.
	6,299	
Un dixième de bénéfice	0,630	
Prix du cent de briques. . .	6,929	6ᶠ93

ARTICLE 2.

EMPLOI DES MATÉRIAUX.

N° 50. Prix du mètre cube de maçonnerie en moellons ordinaires avec mortier de chaux grasse et sable.

(en marge : Maçonnerie de moellons ordinaires.)

1ᵐ,10 cube de moellons à 7ᶠ,904 (n° 44)	8ᶠ694
0ᵐ,40 cube de mortier à 14ᶠ,147 (n° 36)	5,659
Façon : 0ʲ,75 de maçon à 2ᶠ,50	1,875
Approche des matériaux, nettoyage et arrosage des moellons, etc. : 9 heures de goujat à 0ᶠ,125	1,125
	17,353
Un vingtième pour outils et faux frais	0,868
	18,221
Un dixième de bénéfice	1,822
Prix du mètre cube. . .	20,043 20,04

N° 51. Prix d'un mètre cube de maçonnerie ordinaire avec mortier de chaux hydraulique et sable.

Moellons comme au n° 50	8ᶠ694
0ᵐ,40 cube de chaux hydraulique à 19ᶠ,268 (n° 39)	7,707
Main-d'œuvre comme au n° 50.	3,000
	19,401
Un vingtième de faux frais, outils, etc , ci.	0,970
	20,371
Un dixième de bénéfice	2,037
Prix du mètre cube. . .	22,408 22,41

N° 52. Prix du mètre cube de maçonnerie de moellons piqués à la grosse pointe sans ciselures et de petit appareil pour maçonneries de parements. (Le piquage étant compté à part au mètre carré de parement vu.)

(en marge : Maçonnerie de moellons piqués de petit appareil.)

Un mètre cube de moellons (n° 44)	7ᶠ904
Un quart en sus pour choix et déchet dans le piquage et la pose	1,976
Façon: une journée de maçon	2,500
Approche des matériaux: une journée de goujat	1,250
0ᵐ,28 cube de mortier de sable, ciment et chaux hydraulique, à 25ᶠ,554 le mètre (n° 42)	7,155
	20,785
Un vingtième pour outils et faux frais	1,039
	21,824
Un dixième de bénéfice	2,182
Prix du mètre cube. . .	24,006 24,01

9

Maçonnerie en moellons de grand appareil avec ciselures.

N° 53. Prix du mètre cube de maçonnerie de parements vus en moellons de grand appa- *Porté*
reil, piqués avec ciselures et posés avec mortier de sable, ciment et chaux hydraulique. *en compte.*
(La taille et le piquage étant comptés en sus au mètre carré de parement vu.)

1 mètre cube de moellons ébauchés (n° 46) . . . . 9^{r}885
Un vingtième de déchet pour l'achèvement du piquage 0,494
0^m,20 cube de mortier à 25^r,554 (n° 42) 5,110
Bardage et approche des matériaux : deux journées à 1^r,50 3,000
Pose : une journée de maçon 2,500
                                                     20,989
Un vingtième pour outils et faux frais 1,049
                                                     22,038
Un dixième de bénéfice 2,204
                       Prix du mètre cube. . . 24,242   24^{r}24

Maçonnerie en pierre de taille.

N° 54. Prix du mètre cube de maçonnerie en pierre de taille de haut appareil, non
compris la taille, qui sera comptée au mètre carré de parement vu.

1 mètre cube de pierre de taille ébauchée coûte (n° 47) . . . . 44^{r}039
Un dixième de déchet pour la taille 4,404
0^m,12 de mortier de ciment à 25^r,554 le mètre (n° 42) 3,066
Frais d'appareil, bardage, pose, approche des matériaux, etc. :
   Une journée et demie de maçon à 2^r,50, ci . . . . 3^{r}750)
   Trois journées et trois quarts de manœuvre à 1^{r}50 ci . . . . . 5,625) 9,375
                                                60,884
Un vingtième pour outils et faux frais 3,044
                                                63,928
Un dixième de bénéfice 6,393
                       Prix du mètre cube . . . 70,321   70,32

N° 55. Prix du mètre cube de maçonnerie en pierre de taille de bas appareil, non compris la taille, qui sera comptée au mètre carré de parement vu.

1 mètre cube de pierre de taille ébauchée coûte (n° 48) . . . . 40^{r}039
Un dixième de déchet 4,004
Mortier comme au n° 54, ci 3,066
Main d'œuvre :
   Une journée et demie de maçon à 2^r,50 . . . . 3^{r}750)
   Trois journées de manœuvre à 1^r,50 . . . . 4,500) 8,250
                                                55,359
Un vingtième pour outils et faux frais 2,768
                                                58,127
Un dixième de bénéfice 5,813
                       Prix du mètre cube. . . . 63,940 63,94

N° 56. Prix du mètre cube de maçonnerie en pierre de taille, provenant des démolitions,
ou toute autre pierre de taille à reposer.

Mortier comme au n° 55, ci . . . . 3^{r}066
Main-d'œuvre comme au n° 54 9,375
                                                12,441
Un vingtième de faux frais 0,622
                                                13,063

	D'autre part. . . .	13ᶠ063	Porté
Un dixième de bénéfice		1,306	en compte
	Prix du mètre cube. . .	14,369	14ᶠ37

N° 57. Prix du mètre cube de maçonnerie en briques avec mortier de chaux grasse.

Il entre dans un mètre cube 400 briques à 5ᶠ999 le cent (n° 49), ci. 23ᶠ996

0ᵐ,25 cube de mortier à 14ᶠ147 (n° 36). 3,537

Façon : 8 heures de maçon à 0ᶠ,25, ci . . . . 2ᶠ00 ⎫
　—　 8 heures de goujat à 0ᶠ,125, ci . . . . 1,00 ⎬ 3,000

30,533

Un vingtième pour outils et faux frais 1,527

32,060

Un dixième de bénéfice. 3,206

Prix du mètre cube . . . 35,266　35,27

N° 58. Prix du mètre cube de maçonnerie en briques, avec mortier hydraulique de ciment et sable pour parements des bajoyers d'écluses et culées de ponts.

Briques comme au n° 57 . . . . 23ᶠ996

0ᵐ,25 de mortier à 25ᶠ,554 (n° 42) 6,389

Main-d'œuvre : une journée de maçon à . . . . 2ᶠ50 ⎫
　—　　 Une journée de manœuvre à . . . . 1,50 ⎬ 4,00

34,385

Un vingtième de faux frais. 1,719

36,104

Un dixième de bénéfice 3,610

Prix du mètre cube. . . 39,714　39,71

N° 59. Prix du cent de briques par groupes isolés de moins de six briques, arrachées au ciseau, remplacées par de neuves et rejointoyées.

Arrachement au ciseau du cent de briques, boutisses ou panneresses : trois journées un tiers d'ouvrier à 1ᶠ,50 . . . . 5ᶠ000

Fourniture de cent briques (n° 49) 5,999

0ᵐ,06 de mortier de ciment et sable à 25ᶠ554 (n° 42) 1,533

0ᵐ,005 de mortier fin pour le rejointoiement à 44ᶠ,705 (n° 43), ci 0,224

Remplacement des briques : deux journées de maçon à 2ᶠ,50, y compris l'approche des matériaux, ci . . . . 5ᶠ000 ⎫
Rejointoiement et lissage : trois heures de maçon à 0ᶠ25 . . . . 0,750 ⎬ 5,750

18,506

Un dixième pour outils, échafaudages et autres faux frais 1,851

20,357

Un dixième de bénéfice. 2,036

Prix du cent de briques. . . 22,393　22,39

N° 60. Prix du mètre carré de parements de briques arrachées et remplacées par groupes de 6 à 80 briques, non compris le rejointoiement et mesuré à la surface ou au nombre de briques.

Arrachement des briques : douze heures à 0ᶠ,15 . . . . 1ᶠ800

Il entre par mètre carré 80 briques à 5ᶠ,999 le cent. 4,799

0ᵐ05 cube de mortier à 25ᶠ,554, ci. 1,278

0ᵐ,004 de mortier fin pour le rejointoiement à 44ᶠ,705 0,179

8,056

	D'autre part. . . .	8ʳ056	Porté en compte.

Pose : une journée de maçon . . . . 2ʳ500 ⎫
Service des matériaux : cinq heures de goujat à 0ʳ,125 . . . . . 0,625 ⎬ 3,125

| | 11,181 |
Un dixième pour outils, échafaudages, etc. 1,118

| | 12,299 |
Un dixième de bénéfice 1,230

Prix du mètre carré. . . 13,529   13ʳ53

Nota. Le mètre carré contenant quatre-vingts briques, on pourra évaluer le travail par le nombre de briques remplacées, dont le cent coûtera 16,91

Nᵒ 61. Prix du mètre carré de piquage jusqu'au vif, de briques exfoliées jusqu'à une profondeur de 0ᵐ,01 à 0ᵐ,04 au plus, ce travail pouvant aussi être mesuré par le nombre de briques.

Piquage du mètre carré comprenant quatre-vingts briques moyennement : une journée d'ouvrier 1ʳ500
Un sixième pour outils, fourniture et déplacement d'échafaudages et autres faux frais . . . . , . 0,250

| | 1,750 |
Un dixième de bénéfice 0,175

Prix du mètre carré. . . 1,925   1,93

Nota. Le mètre carré contenant quatre-vingts briques, le cent de briques repiqués coûtera.   2,41

Nᵒ 62. Prix de la main-d'œuvre pour recouvrir de mortier de ciment fin de rejointoiement ou de ciment Lacordaire, au mètre carré de parement de briques repiquées, y compris le lissage. (La fourniture du mortier de ciment étant payée à part.)

12 heures de maçon à 0ʳ,25 pour appliquer le ciment 3ʳ000
Lissage des faux joints : 0ʰ,50 de maçon à 0ʳ,25. 0,125

| | 3,125 |
Un huitième pour outils, échafaudages, etc. 0,391

| | 3,516 |
Un dixième de bénéfice 0,352

Prix du mètre carré. . . 3,868   3,87

Nᵒ 63. Prix du mètre cube de maçonnerie en pierres sèches pour pérés, radiers ou autres ouvrages, non compris le smillage des moellons compté au mètre carré de parement vu.

1 mètre cube de moellons coûte (nᵒ 45) 8ʳ604
Un cinquième de déchet pour la pose et le smillage 1,720
6 heures de goujat pour bardage des moellons, etc., à 0ʳ,125 l'heure, ci . . 0,750
Façon : 5 heures de maçon à 0ʳ,25, ci 1,250

| | 12,324 |
Un vingtième pour outils et faux frais 0,616

| | 12,940 |
Un dixième de bénéfice 1,294

Prix du mètre cube. . . 14,234   14,23

N.° 64. Prix du mètre cube de même maçonnerie que ci-dessus, démolie et refaite, non compris la fourniture et le smillage des moellons neufs.

Porté
en compte.

Démolition, nouvelle pose, approche des matériaux et façon :

7 heures de maçon à 0ᶠ,25.	1ᶠ750
7 heures de goujat à 0ᶠ,125	0,875
	2,625
Un vingtième de faux frais	0,131
	2,756
Un dixième de bénéfice	0,276
Prix du mètre cube. . .	3,032

3ᶠ03

N.° 65. Prix du mètre cube de maçonnerie en moellons pour pérés, murs de soutennement, etc.

Maçonnerie en moel-
lons avec mortier
pour pérés, etc.

1 mètre cube de moellons coûte (n° 45)	8ᶠ604
Un cinquième de déchet.	1,720
0ᵐ,40 de mortier à 19ᶠ,268 (n° 39)	7,707
Main-d'œuvre comme au n° 51	3,000
	21,031
Un vingtième pour outils et faux frais.	1,052
	22,083
Un dixième de bénéfice	2,208
Prix du mètre cube . . .	24,291

24,29

N.° 66. Prix du mètre cube de même maçonnerie qu'au n° 65, démolie et refaite, non compris la fourniture et le smillage des moellons neufs.

Démolition, nettoiement des vieux moellons, approche des matériaux et façon :

Une journée de maçon	2ᶠ500
Une journée de goujat à	1,250
Mortier comme au n° 65	7,707
	11,457
Un vingtième pour outils et faux frais	0,573
	12,030
Un dixième de bénéfice	1,203
Prix du mètre cube . . .	13,233

13,23

ARTICLE 3.

PIQUAGE ET TAILLE DES PAREMENTS.

N.° 67. Prix du smillage du mètre carré de parements vus de maçonnerie en pierres sèches, y compris le dressement des joints. Piquage des moellons pour maçonnerie de pérés avec mortier.

Smillage.

Smillage : 3 heures et demie de maçon à 0ᶠ,25	0ᶠ875
Un vingtième pour outils et faux frais	0,043
	0,918
Un dixième de bénéfice	0,092
Prix du mètre carré . . .	1,010

1,01

Piquage.

N° 68. Prix du mètre carré de piquage à la grosse pointe, de moellons de petit appareil et sans ciselures, mesuré au parement vu. Porté
en compte.

Piquage : 9 heures de maçon à 0^f,25	2^{f}250
Un vingtième pour outils et faux frais	0,112
	2,362
Un dixième de bénéfice	0,236
Prix du mètre carré . . .	2,598 2^{f}60

Piquages avec cise-
lures.

N° 69. Prix du mètre carré de piquage de moellons avec ciselures, mesuré au parement vu, y compris la taille des lits et joints.

Piquage : 14 heures de tailleur de pierre à 0^f,30	4^{f}200
Un vingtième pour outils et faux frais	0,210
	4,410
Un dixième de bénéfice	0,441
Prix du mètre carré . . .	4,851 4,85

Pierre de taille.

N° 70. Prix du mètre carré de parement vu de la pierre de taille de bas appareil, y compris la taille des lits et joints et le ragréage après la pose.

16 heures de tailleur de pierre à 0^f,30	4^{f}800
Un vingtième de faux frais	0,240
	5,040
Un dixième de bénéfice	0,504
Prix du mètre carré . . .	5,544 5,54

N° 71. Prix du mètre carré de parement vu de la pierre de taille de haut appareil, y compris la taille des lits et joints et le ragréage après la pose.

Deux journées de tailleur de pierre à 3^f,00 par jour, ci	6^{f}000
Un vingtième pour outils et faux frais	0,300
	6,300
Un dixième de bénéfice	0,630
Prix du mètre carré . . .	6,930 6,93

ARTICLE 4.

JOINTOIEMENTS ET REJOINTOIEMENTS.

N° 72. Prix du mètre carré de jointoiement ou rejointoiement de parement de moellons piqués.

Élargissement au ciseau d'une partie des joints, enlèvement de l'ancien mortier, lavage, pose du ciment et lissage : 1^h,50 de maçon payé 0^f,25	0^{f}375
0^m,005 cube de mortier à 44^f,705 (n° 43)	0,224
	0,599
Un vingtième pour outils et faux frais	0,030
	0,629
Un dixième de bénéfice	0,063
Prix du mètre carré . . .	0,692 0,69

N° 73. Prix du mètre carré de jointoiement ou de rejointoiement de pierres de taille.

Enlèvement de l'ancien mortier, lavage, pose du ciment, lissage, etc. : 1 heure de maçon	0,250

D'autre part. . . . 0f250   *Porté en compte.*

0m,003 de mortier à 44f,705 le mètre (n° 43) 0,134

0,384

Un vingtième pour outils et faux frais. 0,019

0,403

Un dixième de bénéfice 0,040

Prix du mètre carré. . . 0,443   0f44

N° 74. Prix du mètre carré de jointoiement ou rejointoiement de parements en briques.
Enlèvement de l'ancien mortier, lavage des joints, pose de mortier de ciment : 3 heures et demie de maçon à 0f25 . . . . 0f785
0m,006 cube de mortier de ciment à 44f,705 (n° 43) 0,268

1,143

Un vingtième pour outils et faux frais. 0,057

1,200

Un dixième de bénéfice 0,120

Prix du mètre carré. . . 1,320   1,32

N° 75. Même travail qu'au n° 74, fait sur des briques aux bajoyers d'écluses sans interrompre la navigation.
Détail comme au n° 74, ci 1f143
Un quart en sus pour déplacement d'échafaudages, temps perdu et autres faux frais, ci 0,286

1,429

Un dixième de bénéfice 0,143

Prix du mètre carré. . . . 1,572   1,57

N° 76. Prix d'un mètre carré de rejointoiement de vieux pérés.
Enlèvement de l'ancien mortier, lavage des joints, pose du mortier et lissage à la truelle :
1 heure et demie de maçon à 0f,25 . . . . 0f375
0m,02 de mortier à 19f,268 le mètre (n° 39) 0,385

0,760

Un vingtième pour faux frais 0,038

0,798

Un dixième de bénéfice 0,080

Prix du mètre carré . . . 0,878   0,88

CHAPITRE IV.

OUVRAGES RELATIFS AUX MAISONS ÉCLUSIÈRES.

N° 77. Prix du mètre carré de carrelage en briques posées sur bain de mortier de 0m,05 d'épaisseur.   *Carrelages.*
Il entre par mètre carré vingt-cinq briques, qui, à raison de 5f,999 le cent (n° 49), coûtent 1f500
0m,05 cube de mortier de chaux grasse à 14f,147 le mètre (n° 36) 0,707

2,207

D'autre part. . . . 2^f207   Porté en compte.

Main-d'œuvre :

Une heure de maçon à . . . . 0^f250 ⎫
Une heure de petit manœuvre à . . . . 0,100 ⎭ 0,350

                     2,557

Un vingtième pour faux frais. 0,127

                     2,684

Un dixième de bénéfice 0,268

Prix du mètre carré . . . 2,952   2^f95

N° 78. Prix du mètre carré de carrelage en briques relevées et reposées en mortier, non compris fourniture de briques neuves, payées à part au prix du n° 49.

1^h,25 de maçon à 0^f,25 ci . . . . 0^f312
1^h,25 de petit manœuvre 0,125
0^m,03 cube de mortier à 14^f,147 0,424

                     0,861

Un vingtième pour outils et faux frais 0,043

                     0,904

Un dixième de bénéfice 0,090

Prix du mètre carré . . . 0,994   1,00

N° 79. Prix du cent de briques neuves posées en recherche, pour carrelage.

Cent briques (n° 49) . . . . 5^f999
0^m,25 de mortier à 14^f,147 (n° 36) 3,537
Main-d'œuvre : 7 heures de maçon à 0^f,25 1,750
—   7 heures de manœuvre à 0^f,125 0,875

                     12,161

Un vingtième pour outils et faux frais 0,608

                     12,769

Un dixième de bénéfice 1,277

Prix du cent de briques posées en recherche 14,046   14,05

N° 80. Prix d'un mètre carré de cloisons ou de languettes pour tuyaux de cheminées en briques posées à plat dans le sens de leur longueur, et non compris le crépissage des deux faces.

Il entre par mètre carré soixante-deux briques à 5^f,999 le cent (n° 49) . . . 3^f719
0^m,035 de mortier à 14^f,147 (n° 36) 0,495
Façon : 2 heures de maçon à 0^f,25 . . . . ⎫ 0,500
—   2 heures de manœuvre à 0^f,125 0,250

                     4,964

Un vingtième pour outils et faux frais 0,248

                     5,212

Un dixième de bénéfice 0,521

Prix du mètre carré . . . 5,733   5,73

N° 81. Prix du mètre carré de cloisons ou languettes pour tuyaux de cheminée en briques de champ et non compris le crépissage des deux faces.

25 briques à 5^f,999 le cent (n° 36) . . . . 1^f500

D'autre part. . . .	1ᶠ500		Porté en compte.
0ᵐ,015 de mortier à 14ᶠ,147, ci	0,212		
Façon : 1ʰ,25 de maçon à 0ᶠ,25	0,313		
— 1ʰ,25 de goujat à 0ᶠ,10	0,125		
	2,150		
Un vingtième pour outils et faux frais	0,108		
	2,258		
Un dixième de bénéfice	0,226		
Prix du mètre carré . .	2,484	2ᶠ48	

N° 82. Prix du cent de briques de Sufflenheim, pour chapelle de four, y compris le transport, les faux frais et le bénéfice, sans la main-d'œuvre pour emploi, ci 14,00

N° 83. Grosses briques de Sufflenheim, compris transport, etc., le cent (sans emploi), ci. 16,80

N° 84. Carreaux de Sufflenheim pour carrelage de four, âtre, etc., la pièce, tout compris (sans emploi), ci 0,80

N° 85. Pavé en dalles de 0ᵐ,06 à 0ᵐ,12 d'épaisseur, sans recouvrement, posées en mortier de chaux d'Obernai et sable fin, y compris la taille des lits et joints, et du parement supérieur, le mètre carré, ci 12,00

N° 86. Le mètre carré de pavé en cailloux du Rhin sur forme de sable, de la rivière d'Ill, ci. 3,75

N° 87. Prix du mètre carré de crépis extérieur fouetté avec mortier de chaux hydraulique et sable.

Crépissages.

Grattage et lavage du mur : 1 heure à 0ᶠ,10.	0ᶠ100	
0ᵐ,012 de mortier, y compris le déchet, à 20ᶠ,715 le mètre (n° 40), ci . . .	0,249	
Façon : 0ʰ,75 de maçon à 0ᶠ,25, ci . . . . 0ᶠ188)	0,263	
— 0ʰ,75 de manœuvre à 0ᶠ,10, ci . . . . 0,075)		
	0,612	
Un vingtième pour outils et faux frais.	0,031	
	0,643	
Un dixième de bénéfice	0,064	
Prix du mètre carré. ⟶	0,707	0,71

N° 88. Prix du mètre carré de même crépissage qu'au n° 87 sur deux couches, et poli à la taloche.

Grattage et lavage.	0ᶠ100	
0ᵐ,016 de mortier à 20ᶠ,715 le mètre (n° 40)	0,331	
Main-d'œuvre : 1 heure de maçon	0,250	
— 1 heure de manœuvre	0,100	
	0,781	
Un vingtième de faux frais	0,039	
	0,820	
Un dixième de bénéfice	0,082	
Prix du mètre carré. . .	0,902	0,90

N° 89. Prix du mètre carré de crépissage intérieur, frotté et poli à la taloche, avec mortier de chaux grasse sur une couche.

Grattage et lavage 0ᶠ100

D'autre part. . . .	0ᶠ100	*Porté*
0ᵐ,012 de mortier à 15ᶠ,449 (n° 37)	0,185	*en compte.*
Façon et lissage comme au n° 87	0,263	
	0,548	
Un vingtième pour outils et faux frais.	0,027	
	0,575	
Un dixième de bénéfice	0,058	
Prix du mètre carré. . .	0,633	0ᶠ63

N° 90. Prix du mètre carré d'enduit en mortier uni à deux couches, avec chaux grasse et sable sur murs intérieurs.

Grattage et lavage	0ᶠ100	
0ᵐ,018 de mortier à 15ᶠ,449 le mètre (n° 37)	0,278	
Façon et lissage comme au n° 88	0,350	
	0,728	
Un vingtième pour outils et faux frais.	0,036	
	0,764	
Un dixième de bénéfice	0,076	
Prix du mètre carré. . .	0,840	0,84

N° 91. Prix du mètre carré de plafond en mortier uni sur lattes ou sur voliges.

0ᵐ,03 de mortier fin de chaux grasse à raison de 15ᶠ,449 le mètre (n° 37) . .	0ᶠ463	
0ᵐ,75 carrés de voliges à 1ᶠ,00	0,750	
Soixante clous à 0ᶠ,50 le cent.	0,300	
Façon : 1 heure de maçon 0ᶠ25	0,400	
— 1 heure de manœuvre 0,15		
	1,913	
Un vingtième pour outils et faux frais	0,096	
	2,009	
Un dixième de bénéfice	0,201	
Prix du mètre carré. . .	2,210	2,21

N° 92. Prix du mètre carré de plafond en plâtre gris sur voliges hachées et refendues, y compris fourniture de planches, clous, etc., faux frais et bénéfice, ci 2,20

N° 93. Prix du mètre carré de plafond en plâtre gris avec lattes neuves sur cloisons en planches jointives 1,30

N° 94. Prix du mètre carré de lattis jointifs, recouvert d'un enduit de mortier uni, tout compris, ci 2,10

N° 95. Prix du mètre carré d'enduit en plâtre blanc à poser sur une première couche d'enduit 0,40

N° 96. Prix du mètre carré de plafond en plâtre gris refait sur ancien lambris haché, y compris l'enlèvement de l'ancien enduit 1,00

N° 97. Prix du mètre carré de plafond en mortier de chaux et sable, refait sur ancien lattis, enlèvement de l'ancien mortier, tout compris, ci 1,20

N° 98. Prix du mètre carré de plafond en plâtre gris recouvert d'une feuille de plâtre blanc, refait sur ancien lambris refendu, tout compris, ci 1,40

Porté
en compte

N° 99. Prix du mètre carré de plafond en plâtre gris, refait sur ancien lattis de sapin sur cloison en planches jointives, tout compris, ci 0ʳ90

N° 100. Prix du mètre carré d'enduit de plâtre gris sur mur grossièrement enduit de mortier ou de plâtre, ci 0,30

N° 101. Prix du mètre carré de torchis de $0^m,06$ d'épaisseur avec terre glaise et paille, y compris la fourniture des étrésillons. 0,75

N° 102. Prix du mètre carré de torchis de $0^m,06$ d'épaisseur, avec mortier et hachis de paille 1,90

N° 103. Prix du mètre carré de blanchissage au lait de chaux et colle à une couche, sur vieux murs, ci 0,06
Chaque couche en sus 0,04

N° 104. Prix du mètre carré de badigeonnage extérieur appliqué à trois couches . . . 0,20

CHAPITRE V.

COUVERTURE EN TUILES.

N° 105. Prix d'un millier de tuiles plates rendues à pied-d'œuvre 40ʳ00
Un vingtième pour faux frais 2,00
———

42,00
Un dixième de bénéfice 4,20
Prix du millier . . . 46,20   46,20

N° 106. Prix du cent de tuiles faîtières rendues à pied-d'œuvre.
Le cent de tuiles creuses coûte 20ʳ00
Un vingtième pour faux frais 1,00
21,00
Un dixième de bénéfice 2,10
Prix du cent . . . 23,10   23,10

N° 107. Prix du cent de lattes de $5^m,40$ de longueur rendu aux chantiers.
Le cent de lattes coûte 30,00
Un vingtième pour faux frais 1,50
31,50
Un dixième de bénéfice 3,15
Prix du cent de lattes . . . 34,65   34,65

N° 108. Prix du mètre carré de couverture en tuiles plates sur lattes neuves espacées de $0^m,16$ d'un milieu à l'autre.

Couverture en tuiles
plates.

Quarante-huit tuiles plates à 4ᶠ,00 le cent 1,920
Six mètres courants de lattes à 0ᶠ,056 le mètre 0,336
Douze clous à lattes à 0ᶠ,70 le cent 0,084
Mortier 0,050
Façon et pose :
  1 heure de maçon . . . . 0ᶠ,25 ⎱
  2 heures de manœuvre . . . . 0ᶠ,20 ⎰ 0,450
2,840

D'autre part. . . . 2^f840   Porté en compte.

Un vingtième pour outils et faux frais 0,142

2,982

Un dixième de bénéfice 0,298

Prix du mètre carré. . . 3,280   3^f28

N° 109. Prix du mètre carré de couvertures en tuiles, plates neuves sur vieux lattis.
Tuiles comme au n° 108 . . . . 1^f920
Mortier 0,050
Enlèvement des anciennes tuiles et pose des nouvelles :
  0^h,60 de maçon à 0^f,25 . . . . 0^f150 ⎫
  1^h,20 de manœuvre à 0^f,15 . . . . 0,180 ⎭ 0,330

2,300

Un vingtième pour outils et faux frais. 0,115

2,415

Un dixième de bénéfice 0,242

Prix du mètre carré. . . . 2,657   2,66

N° 110. Prix du mètre carré de couverture en vieilles tuiles sur lattes neuves.
Lattes comme au n° 108, ci . . . . 0^f336
Clous comme au n° 108, ci 0,084
Mortier comme au n° 108, ci 0,050
Main-d'œuvre comme au n° 108, ci 0,330

0,800

Un vingtième pour faux frais 0,040

0,840

Un dixième de bénéfice 0,084

Prix du mètre carré . . . 0,924   0,92

N° 111. Prix du cent de tuiles plates neuves, posées en recherche sur vieux lattis.
Cent tuiles . . . . 4^f000
Main-d'œuvre :
  1 heure de maçon à . . . . 0^f25 ⎫
  2 heures de manœuvre. . . . . 0,30 ⎭ 0,550

4,550

Un vingtième pour outils et faux frais. 0,227

4,777

Un dixième de bénéfice 0,478

Prix du cent . . . 5,255   5,26

N° 112. Prix du mètre carré de couverture remaniée sur vieux lattis.
Démolition de la couverture, nettoiement des tuiles et remplacement :
  1 heure de maçon . . . . 0^f250
  2 heures de manœuvre à 0^f,10 0,200

0,450

Un vingtième de faux frais 0,022

0,472

Un dixième de bénéfice 0,047

Prix du mètre carré. . . 0,519   0,52

N° 113. Prix du mètre courant de faîtage ou arêtiers en tuiles creuses posées en mortier et clouées.

Porté en compte.   Tuiles creuses.

Trois tuiles creuses à 0ᶠ,20	0ᶠ600	
0ᵐ,01 de mortier à 15ᶠ,449 (n° 37)	0,154	
Trois clous à 0ᶠ,03	0,090	
Façon :		
0ʰ,50 maçon 0ᶠ125	0,200	
0ʰ,50 de manœuvre 0,075		
	1,044	
Un vingtième pour faux frais	0,052	
	1,096	
Un dixième de bénéfice	0,110	
Prix du mètre courant . . .	1,206	1ᶠ21

N° 114. Prix du mètre courant de faîtage ou arêtiers en tuiles creuses remaniées.

Mortier	0ᶠ154	
Clous	0,060	
Façon et pose	0,200	
Nettoiement des tuiles	0,050	
	0,464	
Un vingtième pour faux frais	0,023	
	0,487	
Un dixième de bénéfice	0,049	
Prix du mètre courant . .	0,536	0,54

CHAPITRE VI.

DÉMOLITIONS ET RÉTROCESSION DE MATÉRIAUX.

N° 115. Prix du mètre cube de démolition de maçonnerie en briques ou moellons pour réparer les écorchements, rempiéter les murs ou percer des portes ou fenêtres, y compris l'enlèvement et le rangement des décombres sur les levées ou tout autre endroit désigné, mais non compris le transport à plus de cinquante mètres.

Démolition : 1 journée de manœuvre	1ᶠ500	
Charge en brouettes	0,150	
Transport à un relais	0,150	
Nettoiement et rangement	0,200	
	2,000	
Un vingtième pour faux frais	0,100	
	2,100	
Un dixième de bénéfice	0,210	
Prix du mètre cube . . .	2,310	2,31

N° 116. Prix du mètre cube de démolition comme au n° 115, mais à tranchée ouverte .   1,60

N° 117. Prix du mètre cube de démolition de pierres de taille, eu égard à la difficulté du bardage et des soins à apporter à leur conservation, et tout compris   3,00

Fait et présenté par l'ingénieur en chef soussigné.
Strasbourg, le 9 juin 1838.

Signé MOSSÈRE.

Vu par nous préfet du Doubs.
Besançon, le 13 juin 1838.

Pour le préfet en congé, le conseiller de préfecture délégué,
Signé MAISTRE.

Approuvé conformément à ma lettre de ce jour.
Paris, le 4 septembre 1839.

Le ministré secrétaire d'État des travaux publics,
Signé DUFAURE.

Rectifié conformément à la lettre d'approbation de M. le ministre des travaux publics, en date du 4 septembre 1839.
Strasbourg, le 16 octobre 1839.

L'ingénieur en chef, MOSSÈRE.

CAHIER

DES CLAUSES ET CONDITIONS GÉNÉRALES

IMPOSÉES AUX ENTREPRENEURS DES TRAVAUX PUBLICS,

ET FORMALITÉS A REMPLIR POUR LES ADJUDICATIONS.

I. CAHIER DES CHARGES,

ARRÊTÉ PAR M. LE DIRECTEUR DES PONTS ET CHAUSSÉES, LE 25 AOUT 1833.

ARTICLE PREMIER.

Nul ne sera admis à concourir aux adjudications, s'il n'a les qualités requises pour entreprendre les travaux et en garantir le succès. A cet effet, chaque concurrent sera tenu de fournir un certificat constatant sa capacité et de présenter un acte régulier, ou au moins une promesse valable de cautionnement. Il ne sera pas exigé de certificat de capacité pour les fournitures de matériaux destinés à l'entretien des routes, ni pour les travaux de terrassement, dont l'estimation ne s'élevera pas à plus de quinze mille francs (*art. 9 de l'ordonnance royale du 10 mai 1829*).

Le certificat devra avoir été délivré dans les trois ans qui précéderont l'adjudication. Il contiendra l'indication des travaux exécutés ou suivis par l'entrepreneur, ainsi que la justification de l'accomplissement des engagements qu'il aurait contractés.

ARTICLE 2.

Le montant du cautionnement n'excédera pas le trentième de l'estimation des travaux, déduction faite de toutes les sommes portées à valoir pour cas imprévus, indemnités de terrains et ouvrages en régie.

Ce cautionnement sera mobilier ou immobilier, à la volonté des soumissionnaires. Les valeurs mobilières ne pourront être que des effets publics ayant cours sur la place (*art. 20 de la même ordonnance*).

ARTICLE 3.

Si en homologuant l'adjudication, l'administration ordonne quelques changements au projet ou au devis, l'entrepreneur devra s'y conformer, et il lui sera fait état de la valeur de ces changements, soit en plus, soit en moins, au prorata des prix de l'adjudication, sans qu'il puisse, en cas de réduction, réclamer aucune indemnité à raison des prétendus bénéfices qu'il aurait pu faire sur les fournitures et la main-d'œuvre.

Néanmoins, lorsque ces changements dénatureront fortement le projet, en opérant sur le prix total une différence de plus d'un sixième en plus ou en moins, l'entrepreneur sera libre de retirer sa soumission.

Il ne pourra prétendre à aucune indemnité dans le cas où l'adjudication ne serait pas approuvée.

ARTICLE 4.

Pour que les travaux ne soient pas abandonnés à des spéculateurs inconnus ou inhabiles, l'entrepreneur ne pourra céder tout ou partie de son entreprise. Si l'on venait à découvrir que cette clause a été éludée, l'adjudication pourrait être résiliée, et, dans ce cas, il serait procédé à une nouvelle adjudication à la folle enchère de l'entrepreneur.

ARTICLE 5.

Pendant la durée entière de l'entreprise, l'adjudicataire ne pourra s'éloigner du lieu des travaux que pour affaires relatives à son marché, et qu'après en avoir obtenu l'autorisation. Dans ce cas il choisira et fera agréer un représentant capable de le remplacer, et auquel il aura donné pouvoir d'agir pour lui et de faire les payements aux ouvriers, de manière qu'aucune opération ne puisse être retardée ou suspendue pour raison de l'absence de l'entrepreneur.

ARTICLE 6.

Commencement des travaux.

A l'époque fixée par l'adjudication, l'entrepreneur mettra la main à l'œuvre; il entretiendra constamment un nombre suffisant d'ouvriers; il exécutera tous les ouvrages, en se conformant strictement aux plans, profils, tracés, instructions et ordres de service qui lui seront donnés par les ingénieurs ou leurs préposés.

Il lui sera préalablement délivré par le préfet des expéditions en bonne forme du procès-verbal d'adjudication, du devis et du détail estimatif.

ARTICLE 7.

L'entrepreneur ne pourra faire aucun changement au projet sans un ordre écrit.

Il se conformera, pendant le cours du travail, aux changements qui lui seront ordonnés *par écrit* et sous la responsabilité de l'ingénieur, pour des motifs de convenance, d'utilité ou d'économie, et il lui en sera fait compte, suivant les dispositions de l'art. 3; mais il ne pourra luimême et sous aucun prétexte, apporter le plus léger changement au projet ou au devis.

ARTICLE 8.

Rétrocession des matériaux par l'entrepreneur sortant à l'entrepreneur entrant.

Dans le cas d'adjudication en continuation d'ouvrages, si l'entrepreneur sortant juge à propos de garder pour son compte les matériaux par lui approvisionnés en vertu d'ordres des ingénieurs, et non soldés par l'administration, ainsi que ses propres outils et équipages, il sera tenu d'évacuer dans le délai qui aura été fixé par le devis, tous les chantiers, magasins et emplacements publics. Si au contraire il a déclaré vouloir céder tout ou partie des objets ci-dessus indiqués, l'entrepreneur entrant sera tenu d'accepter les matériaux au prix de la nouvelle adjudication, et sur un état dressé contradictoirement entre les deux entrepreneurs, et en supposant toutefois qu'on ait reconnu à ces matériaux les qualités requises.

Les outils et équipages seront payés de gré à gré ou à dire d'experts.

ARTICLE 9.

Exploitation des carrières et indemnités y relatives, à la charge de l'entrepreneur.

Lorsque le devis n'indiquera pas de carrières ou sablières appartenant à l'État, l'entrepreneur en ouvrira à ses frais dans les lieux indiqués par le devis; il sera tenu de prévenir les propriétaires avant de commencer les extractions, et de les dédommager de gré à gré ou à dire d'experts, conformément aux lois et règlements sur la matière; il devra représenter, toutes les fois qu'il en sera requis, le traité qu'il aura fait avec eux.

Il payera, sans recours contre l'administration, tous les dommages que pourront occasionner la prise, le transport ou le dépôt des matériaux.

Il en sera de même des dommages pour établissements de chantiers, chemins de service, et autres indemnités temporaires qui font partie des charges et faux frais de l'entreprise.

L'entrepreneur ne sera entièrement soldé, et ne pourra recevoir le montant de la retenue pour garantie, dont il est parlé dans l'art. 35, qu'après avoir justifié, par des quittances en forme, qu'il a payé les indemnités et dommages mis à sa charge.

Dans le cas où le devis prescrirait d'extraire les matériaux dans les bois soumis au régime forestier, l'entrepreneur devra se conformer sans recours en indemnité contre l'administration des ponts et chaussées, aux obligations résultant pour lui de l'art. 145 du Code forestier, ainsi que des art. 172, 173 et 175 de l'ordonnance royale du 1er août 1827, concernant l'exécution de ce code.

Si, pendant la durée de l'entreprise, il était reconnu indispensable de prescrire à l'entrepreneur d'extraire des matériaux dans des lieux autres que ceux qui auraient été prévus au devis, les ingénieurs établiront de nouveaux prix d'extraction et de transport d'après les éléments de l'adjudication. Ces changements, après avoir été soumis à l'approbation du préfet, seront signifiés à l'entrepreneur, qui, en cas de refus, devra déduire ses motifs dans le délai de dix jours, et il sera statué ensuite par l'administration ce qu'il appartiendra. Dans ce même cas de refus, l'administration aura le droit de considérer l'extraction et le transport desdits matériaux, comme ne faisant pas partie de l'entreprise.

Si l'entrepreneur parvenait à découvrir de nouvelles carrières plus rapprochées que celles qui

.uraient été indiquées au devis, et offrant des matériaux d'une qualité au moins égale, il recevra l'autorisation de les exploiter, et il ne subira sur les prix de l'adjudication aucune déduction pour cause de diminution de frais d'extraction, de transport et de taille des matériaux.

L'entrepreneur ne pourra, en aucun cas, livrer au commerce les matériaux qu'il aura fait extraire dans une carrière qui ne lui appartiendrait pas, attendu que le droit d'exploitation ne lui a été conféré qu'en sa qualité d'entrepreneur de travaux publics et pour un objet déterminé.

Article 10.

L'entrepreneur sera tenu, indépendamment des indemnités mentionnées à l'article précédent, de fournir à ses frais les magasins, équipages, voitures, ustensiles et outils de toute espèce, sauf les exceptions qui seront stipulées au devis. *Magasins, équipages et faux frais.*

Seront également à sa charge les frais de tracé d'ouvrages, les cordeaux, piquets et jalons, et généralement tout ce qui constitue les faux frais et menues dépenses dont un entrepreneur n'est pas admis à compter.

Article 11.

Au moyen des prix consentis et approuvés, l'entrepreneur fera l'achat, la fourniture, le transport à pied-d'œuvre, la façon, la pose et l'emploi de tous les matériaux. *Application des prix consentis.*

Il soldera les salaires et peines d'ouvriers, les commis et autres agents dont il pourra avoir besoin pour assurer la bonne et solide exécution des ouvrages. *Erreurs des métrés ou de dimensions d'ouvrages.*

Il ne pourra, sous aucun prétexte d'erreur ou d'omission dans la composition des prix de sous-détail, revenir sur les prix par lui consentis, attendu qu'il a dû s'en rendre préalablement un compte exact, et qu'il est censé avoir refait et vérifié tous les calculs d'appréciation.

Mais il pourra réclamer, s'il y a lieu, contre les erreurs de métrés ou de dimensions d'ouvrages.

Article 12.

Les matériaux proviendront des lieux indiqués aux devis; ils seront de la meilleure qualité, parfaitement travaillés et mis en œuvre conformément aux règles de l'art. On ne pourra les employer qu'après qu'ils auront été visités par l'ingénieur. En cas de surprise, de mauvaise qualité ou de mal-façon, ils seront rebutés et remplacés aux frais de l'entrepreneur. Toutefois, si l'entrepreneur conteste les faits, l'ingénieur dressera immédiatement procès-verbal des circonstances de cette contestation : l'entrepreneur pourra consigner à la suite du procès-verbal, qui devra lui être communiqué, les observations qu'il se croira en droit de présenter. Il sera statué ensuite par l'administration ce qu'il appartiendra. *Origine et qualité des matériaux.*

Article 13.

Lorsque les ingénieurs présumeront qu'il existe dans les ouvrages des vices d'exécution, ils ordonneront, soit en cours d'exécution, soit avant la réception finale, la démolition et la reconstruction des ouvrages présumés vicieux. *Vices d'exécution.*

Les dépenses résultant de cette vérification seront à la charge de l'adjudicataire, lorsque les vices de construction auront été constatés et reconnus.

En cas de contestation de l'entrepreneur sur les vices d'exécution, il sera procédé comme il a été dit ci-dessus, art. 12.

Article 14.

En général, tous les matériaux auront les dimensions prescrites par le devis.

Si l'entrepreneur leur donne des dimensions plus fortes, il ne pourra réclamer aucune augmentation de prix; les métrages et les pesées seront basés sur les dimensions du devis, et néanmoins les pièces qui seraient jugées nuisibles ou difformes seraient enlevées et remplacées aux frais de l'entrepreneur. *Dimension ou poids des matériaux.*

Dans le cas de dimensions plus faibles, les prix seront réduits en proportion, et néanmoins les pièces dont l'emploi serait reconnu contraire au goût et à la solidité seraient également enlevées et remplacées aux frais de l'entrepreneur.

Dans tous les cas, l'entrepreneur ne pourra employer aucune pièce ni aucune matière qui ne serait pas des dimensions ou du poids prescrit par les devis, sans l'autorisation écrite de l'ingénieur.

Article 15.

Il pourra être accordé des à-comptes sur les prix des matériaux approvisionnés, jusqu'à concurrence des quatre cinquièmes de leur valeur. On ne regardera comme approvisionnés que les matériaux déposés sur l'atelier, et dès ce moment l'entrepreneur ne pourra les détourner pour un autre service sans une autre autorisation par écrit. *A-comptes sur les matériaux approvisionnés.*

Article 16.

Démolition d'anciens ouvrages.

Si, aux termes du devis, l'entrepreneur est tenu de démolir d'anciens ouvrages, les matériaux seront déplacés avec attention, pour pouvoir être réparés et remis en place, s'il y a lieu, avec les mêmes précautions que les matériaux neufs. Dans le cas où les démolitions n'auraient pas été prévues, il en sera tenu compte à l'entrepreneur dans les formes prescrites ci-après, art. 22.

Article 17.

Emploi des matériaux de démolition.

Toutes les fois que, par des motifs d'économie ou de célérité, on croira devoir employer des matières neuves ou de démolition appartenant à l'État, l'entrepreneur ne sera payé que des frais de main-d'œuvre et d'emploi sans pouvoir répéter de dommages pour manque de gain sur les fournitures supprimées.

Article 18.

Choix des commis, maîtres et chefs d'ateliers.

L'entrepreneur aura soin de ne choisir pour commis, maîtres et chefs d'ateliers, que des gens probes et intelligents, capables de l'aider et même de le remplacer au besoin dans la conduite et le métrage des travaux.

Il choisira également les ouvriers les plus habiles et les plus expérimentés, et néanmoins il demeurera responsable en son propre et privé nom, comme en celui de sa caution, des fraudes ou malfaçons que ses agents pourront commettre sur les fournitures, la qualité et l'emploi des matériaux, sous les peines indiquées à l'art. 12.

Article 19.

Changement ou renvoi des ouvriers de l'entrepreneur.

L'ingénieur aura le droit d'exiger le changement ou le renvoi des agents et ouvriers de l'entrepreneur, pour cause d'insubordination, d'incapacité ou de défaut de probité.

Article 20.

Liste nominative des ouvriers.

Le nombre des ouvriers, de quelque espèce qu'ils soient, sera toujours proportionné à la quantité d'ouvrages à faire, et pour mettre l'ingénieur à même d'assurer l'accomplissement de cette condition et de reconnaître les individus, il lui en sera remis périodiquement, et aux époques qu'il aura fixées, une liste nominative.

Article 21.

Travaux en retard. Mise en régie.

Lorsqu'un ouvrage languira faute de matériaux, ouvriers, etc., de manière à faire craindre qu'il ne soit pas achevé aux époques prescrites, ou que les fonds crédités ne puissent pas être consommés dans l'année, le préfet, dans un arrêté qu'il notifiera à l'entrepreneur, ordonnera l'établissement d'une régie aux frais dudit entrepreneur, si, à une époque fixée, il n'a pas satisfait aux dispositions qui lui seront prescrites.

A l'expiration du délai, si l'entrepreneur n'a pas satisfait à ces dispositions, la régie sera organisé, immédiatement et sans autre formalité. Il en sera aussitôt rendu compte au directeur-général, qui, selon les circonstances de l'affaire, pourra ordonner la continuation de la régie aux frais de l'entrepreneur ou prononcer la résiliation du marché et ordonner une nouvelle adjudication sur folle enchère.

Dans ces divers cas, les excédants de prix et de dépenses seront prélevés sur les sommes qui pourront être dues à l'entrepreneur, sans préjudice des droits à exercer contre lui et sa caution en cas d'insuffisance.

Si la régie ou l'adjudication sur folle enchère amenait au contraire une diminution dans les prix et les frais des ouvrages, l'entrepreneur ou sa caution ne pourront réclamer aucune part de ce bénéfice qui resterait acquis à l'administration.

Article 22.

Travaux non prévus.

Lorsqu'il sera nécessaire d'exécuter des parties d'ouvrages non prévues par le devis, les prix en seront réglés d'après ceux de l'adjudication, par assimilation aux ouvrages les plus analogues. Dans le cas d'une impossibilité absolue d'assimilation, les prix seront réglés sur estimation contradictoire, en prenant pour terme de comparaison les prix courants du pays.

Lorsque ces travaux devront être de quelque importance, il en sera fait un avant-métré que l'entrepreneur acceptera, tant pour les prix proposés que pour l'indication des ouvrages par une soumission particulière qui sera présentée à l'approbation de l'administration.

Article 23.

S'il y a lieu de faire des épuisements qui n'auraient pas été mis par le devis à la charge de l'entrepreneur, les dépenses y relatives seront constatées par attachement et sur des contrôles tenus sous la surveillance de l'ingénieur. Elles seront acquittées régulièrement par l'entrepreneur, à la fin de chaque semaine, aux conditions portées en l'article suivant.

Article 24.

Tous les payements pour épuisements, ouvrages par attachement, indemnités et autres articles imputés sur la somme à valoir, seront remboursés à l'entrepreneur avec un quarantième en sus pour le dédommager de ses avances de fonds. A cet effet, il sera tenu de payer à vue, en présence d'un employé désigné par l'ingénieur, les rôles ou états qui seront dressés pour le compte des travaux et de les faire quittancer par les parties prenantes avant de pouvoir en demander le remboursement.

Deux quarantièmes lui seront en outre alloués pour ceux desdits articles qui nécessiteront de sa part des outils, soins, frais de conduite des travaux, fournitures et entretien de machines.

Article 25.

Sont exceptés des dispositions ci-dessus, les payements qu'on pourrait être obligé de faire par l'intermédiaire de l'entrepreneur, mais qui n'exigeraient réellement de sa part aucune avance de fonds, et pour lesquels conséquemment il ne sera alloué aucune rétribution.

Article 26.

Il ne sera alloué à l'entrepreneur aucune indemnité à raison des pertes, avaries ou dommages occasionnés par négligence, imprévoyance, défaut de moyens ou fausses manœuvres. Ne seront pas compris toutefois dans la disposition précédente les cas de force majeure qui, dans le délai de dix jours au plus après l'événement, auraient été signalés par l'entrepreneur; dans ces cas, néanmoins, il ne pourra être rien alloué qu'avec l'approbation de l'administration. Passé le délai de dix jours, l'entrepreneur ne sera plus admis à réclamer.

Article 27.

L'entrepreneur, soit par lui-même, soit par des commis, visitera les travaux aussi souvent que pourra le réclamer le bien du service. Il justifiera de ces visites et accompagnera les ingénieurs dans leurs tournées, toutes les fois qu'il en sera requis.

Article 28.

Il surveillera, dans l'étendue de son entrepreprise, les propriétaires riverains, et les cultivateurs qui se permettraient de labourer et de planter trop près des routes, canaux et autres propriétés publiques, ou qui détérioreraient les bornes, talus, fossés et plantations. Il avertira sur-le-champ les ingénieurs des contraventions qu'il apercevrait à cet égard, comme aussi de celles qui consisteraient en des dépôts de bois et de fumiers, ou autres encombrements quelconques, ainsi que des anticipations qui seraient faites sur le domaine de la voie publique.

Article 29.

L'ingénieur en chef fera tous les règlements nécessaires pour le bon ordre des travaux ou pour l'exécution des clauses du devis. Ces règlements seront visés par le préfet, lorsqu'il aura été reconnu par ce magistrat qu'ils n'imposent pas de nouvelles charges à l'entrepreneur, pour lequel dès lors ils seront obligatoires.

Article 30.

S'il survient quelque difficulté entre l'ingénieur ordinaire et l'entrepreneur, au sujet de l'application des prix des métrages, il en sera référé à l'ingénieur en chef, qui appliquera les règles admises dans le service des ponts et chaussées. Dans aucun cas l'entrepreneur ne pourra invoquer en sa faveur les usages et coutumes auxquels il est formellement dérogé par le présent article.

Article 31.

Toutes les dimensions d'ouvrages, tous les prix, salaires et dépenses, seront calculés d'après le système légal des poids et mesures.

Article 32.

Communication à l'entrepreneur des métrages et pièces de comptabilité.— Délai pour réclamer.

Les métrages généraux et partiels, les états d'attachements, les états de dépense, les états de situation et les procès-verbaux de réception, devront être communiqués à l'entrepreneur et acceptés par lui. En cas de refus, il déduira par écrit ses motifs dans les dix jours qui suivront la présentation desdites pièces, et dans ce cas seulement il sera dressé procès-verbal de l'acte de présentation et des circonstances qui l'auront accompagné. Un plus long délai mettrait souvent dans l'impossibilité de rechercher et de constater les causes d'erreurs qui auraient pu donner lieu à quelques réclamations. En conséquence, il est expressément stipulé que l'entrepreneur ne sera jamais admis à élever des réclamations au sujet des pièces ci-dessus indiquées après le délai de dix jours, et que, passé ce délai, lesdites pièces seront censées acceptées par lui, quand bien même il ne les aurait pas signées. Le procès-verbal de présentation devra toujours être joint à l'appui des pièces qui n'auront pas été acceptées.

Article 33.

Expédition des pièces de comptabilité à l'entrepreneur.

Indépendamment de la communication des pièces énoncées dans l'article précédent, l'entrepreneur sera autorisé à s'en procurer des expéditions, qu'il pourra faire transcrire par ses propres commis dans les bureaux de l'ingénieur en chef ou dans ceux de la préfecture.

Article 34.

Payements pour ouvrages faits.

Les payements d'à-comptes pour ouvrages faits s'effectueront en raison de l'avancement des travaux, en vertu des mandats du préfet expédiés sur les certificats de l'ingénieur en chef, d'après les états soumis par l'ingénieur ordinaire, jusqu'à concurrence des neuf dixièmes de la dépense, et déduction faite des à-comptes qui auront pu être délivrés sur les approvisionnements avant leur emploi.

Les payements ne pourront être faits qu'au fur et à mesure des ordonnances et des fonds disponibles; il ne sera jamais alloué d'indemnité, sous aucune dénomination, pour retard de payement pendant l'exécution des travaux.

Toutefois si les travaux étant définitivement reçues, l'entrepreneur ne pouvait pas être entièrement soldé à l'expiration du délai de garantie, il pourra prétendre à des intérêts pour cause de retard de payement de la somme qui restera due à dater de cette époque.

Article 35.

Retenue pour garantie. Réception provisoire ou définitive.

Le dernier dixième ne sera payé à l'entrepreneur qu'après l'expiration du délai fixé pour la garantie des ouvrages, sauf les justifications préalables exigées par le quatrième paragraphe de l'article 9.

Immédiatement après l'achèvement des travaux, il sera procédé à leur réception provisoire, et la réception définitive n'aura lieu qu'après l'expiration du délai de garantie. Pendant ce délai l'entrepreneur demeurera responsable de ses ouvrages et sera tenu de les entretenir.

Ce délai de garantie sera de trois mois après la réception pour les travaux d'entretien, de six mois pour les terrassements et les chaussées d'empierrement, d'un ou de deux ans pour les ouvrages d'art, selon les stipulations du devis.

Article 36.

Cessation ou ajournement des travaux.

Dans le cas où l'administration ordonnerait la cessation absolue ou l'ajournement indéfini des travaux adjugés, l'entrepreneur pourra requérir qu'il soit procédé de suite à la réception provisoire des ouvrages exécutés, et à leur réception définitive après l'expiration du délai de garantie. Après la réception définitive, il sera, ainsi que sa caution, déchargé de toute garantie pour raison de son entreprise.

Article 37.

Maximum de la retenue de garantie.

Si le dixième des dépenses est jugé devoir excéder la proportion nécessaire pour la garantie de l'entreprise, il pourra être stipulé au devis que la retenue cessera de croître lorsqu'elle aura atteint un maximum déterminé.

Article 38.

Mode de réception des ouvrages.

Toutes les réceptions d'ouvrages seront faites par l'ingénieur, en présence de l'entrepreneur, ou lui dûment appelé par écrit; en cas d'absence, il en sera fait mention au procès-verbal.

Article 39.

Si pendant le cours de l'entreprise, les prix subissaient une augmentation notable, le marché pourrait être résilié sur la demande qui en serait faite par l'entrepreneur; en cas de diminution notable, la résiliation du marché pourra être également prononcée, à moins que l'entrepreneur n'accepte les modifications qui lui seraient prescrites par l'administration. *(Augmentation ou diminution notable sur les prix ou sur la masse des travaux.)*

Et dans le cas où, pendant le cours de l'entreprise, et sans changer les charges et les prix, il serait ordonné par l'administration d'augmenter ou de diminuer la masse des travaux, l'entrepreneur sera tenu d'exécuter les nouveaux ordres, sans réclamation, à moins qu'il n'ait été autorisé à faire des approvisionnements de matériaux qui demeureraient sans emploi, et pourvu que les changements en plus ou en moins n'excèdent pas le sixième du montant de l'entreprise; auquel cas il pourra demander la résiliation de son marché.

Article 40.

Dans le cas prévu par l'art. 36, et dans celui où, conformément à l'art. 39, et par suite d'une diminution notable dans le prix des ouvrages, l'administration aura prononcé la résiliation du marché, les outils et ustensiles indispensables à l'entreprise que l'entrepreneur ne voudra pas garder pour son compte, seront acquis par l'État, sur l'estimation qui en sera réglée de gré à gré, ou à dire d'experts, d'après la valeur première desdits outils et ustensiles, et déduction faite de leur degré d'usure, le tout au taux du commerce et sans augmentation de dixième ou de toute autre plus-value, sous prétexte de bénéfice présumé. *(En cas de résiliation, disposition relative aux outils, ustensiles et matériaux.)*

Les matériaux approvisionnés par ordre, et déposés sur les travaux, s'ils sont de bonne qualité, seront également acquis par l'État au prix de l'adjudication.

Les matériaux qui ne seraient pas déposés sur les travaux, resteront au compte de l'entrepreneur; mais tant pour cet objet que pour toutes les autres réclamations, il pourra lui être alloué une indemnité qui sera fixée par l'administration, et qui, dans aucun cas, ne devra excéder le cinquantième du montant des dépenses restant à faire en vertu de l'adjudication.

Article 41.

L'entrepreneur payera comptant les frais relatifs à son adjudication, sur un état arrêté par le préfet. Ces frais ne pourront être autres que ceux d'affiches et de publications, ceux de timbre et d'expédition du devis, du détail estimatif et du procès-verbal d'adjudication; enfin le droit d'enregistrement, fixé à un franc par la loi du 7 germinal an VIII, l'arrêté du 15 brumaire an XII, et le décret du 25 germinal an XIII. *(Payement des frais d'adjudication.)*

Article 42.

Conformément aux dispositions du § 2 de l'art. 4 de la loi du 17 février 1800 (28 pluviôse an VIII), toutes les difficultés qui pourraient s'élever entre les entrepreneurs de travaux publics et l'administration, concernant le sens et l'exécution des clauses de leur marché, seront portées devant le conseil de préfecture, qui statuera, sauf recours au conseil d'État. *(Jugement des difficultés entre l'administration et l'entrepreneur.)*

II. CONDITIONS GÉNÉRALES DES ADJUDICATIONS.

EXTRAITS DES ORDONNANCES ROYALES DES 10 MAI 1829 ET 4 DÉCEMBRE 1836.

Article premier.

Nul ne sera admis à concourir, s'il n'a les qualités requises pour entreprendre les travaux et en garantir le succès.

Article 2.

Le montant du cautionnement de l'entreprise est fixé au trentième de l'estimation, pour les travaux des ponts et chaussées, et au dixième, pour les travaux des bâtiments civils.

Article 3.

Lorsqu'un maximum de prix, ou un minimum de rabais, aura été arrêté d'avance, il sera déposé cacheté sur le bureau à l'ouverture de la séance.

Article 4.

Le rabais offert par les soumissionnaires, sera déterminé en nombre de francs et de fractions décimales de franc pour cent francs, sur le prix d'estimation.

Article 5.

Chaque *soumission*, écrite sur papier timbré, et placée sous une première enveloppe, scellée d'un cachet de cire, devra être accompagnée des pièces suivantes :

1° Certificat de capacité délivré par un ingénieur ou par un architecte (ce certificat ne sera pas exigé pour les fournitures de matériaux d'entretien des routes, ni pour les travaux de terrassement dont l'estimation ne s'élevera pas à plus de 15,000 fr.).

2° Acte de cautionnement ou promesse valable de cautionnement.

3° Certificat de l'autorité locale, constatant la propriété et la valeur de l'immeuble offert en cautionnement, ainsi que la moralité du soumissionnaire.

4° Certificat du conservateur des hypothèques, constatant que cet immeuble n'est grevé d'aucune inscription.

Ces trois dernières pièces devront porter une date postérieure à celle de l'affiche.

Article 6.

Elles seront placées, avec la soumission cachetée, sous une seconde enveloppe, scellée de trois cachets de cire, et portant pour suscription :

CONCOURS du   18 .

Lot d'entreprise N°

Article 7.

Les paquets ainsi formés, seront reçus par le préfet, le conseil de préfecture assemblé, à l'heure fixée pour l'adjudication.

Un quart d'heure après, le préfet, assisté comme il sera dit dans l'affiche, procédera publiquement à la rupture du premier cachet ; il sera dressé état des pièces contenues dans la première enveloppe.

L'état dressé, les concurrents se retireront de la salle d'adjudication. Le préfet, après avoir consulté le bureau, arrêtera la liste des concurrents agréés.

Immédiatement après, la séance redeviendra publique ; le préfet annoncera sa décision. Les soumissions, et d'abord, s'il y a lieu, l'enveloppe renfermant le maximum de prix ou le minimum de rabais, seront ouvertes en présence des concurrents, et celui des soumissionnaires agréés qui aura fait l'offre la plus avantageuse, sera déclaré adjudicataire.

Article 8.

Dans le cas où plusieurs soumissionnaires auraient offert le même prix, et où le prix serait le plus bas de ceux portés dans toutes les soumissions, il sera procédé, séance tenante, à une réadjudication entre ces soumissionnaires seulement, soit sur de nouvelles soumissions, soit à l'extinction des feux.

Article 9.

Les adjudications ne seront définitives qu'après avoir été approuvées par l'administration supérieure, sauf les exceptions autorisées.

Article 10.

Lorsque les pièces renfermées dans la première enveloppe n'auront pas été admises, la soumission qui les accompagnera ne sera pas ouverte.

Toute soumission qui ne sera pas conforme au modèle annexé aux présentes conditions, ou dont le chiffre de rabais sera surchargé, sera réputée nulle et non avenue.

Article 11.

L'adjudicataire sera tenu de se conformer exactement aux conditions du devis et cahier des charges de l'entreprise, ainsi qu'à celles imposées aux entrepreneurs des travaux publics.

Article 12.

Il payera comptant, entre les mains du chef de la 4ᵉ division des bureaux de la préfecture, qui en donnera quittance, les frais d'affiches, de timbre et d'enregistrement auxquels l'adjudication donnera lieu, suivant le relevé qui sera porté à la suite de l'affiche.

MODÈLE DE SOUMISSION.

Je soussigné (nom, prénoms et profession), domicilié à m'engage *à entreprendre, moyennant un rabais de* par cent francs, sur les *prix d'estimation, les travaux à exécuter (les indiquer d'après l'affiche) formant le lot d'entreprise* n° *suivant l'affiche du* et m'engage en *outre à me conformer exactement aux devis et cahier des charges de l'entreprise, ainsi qu'aux clauses et conditions générales imposées aux entrepreneurs des travaux publics que je déclare bien connaître.*

Pour la sûreté de mes engagements, je joins à la présente soumission les pièces exigées.
                le

Fait à   *le*   18

MODÈLE DE PROMESSE ET DE CAUTIONNEMENT.

Je soussigné (noms, prénoms et profession), domicilié à soumissionnaire *des travaux (les indiquer d'après l'affiche) formant le lot d'entreprise n°* suivant *l'affiche du* promets d'affecter et hypothéquer en *garantie de la parfaite exécution de ces travaux, l'immeuble à moi appartenant et consistant en (nature et situation), de la valeur de* et franc de toute charge hypothécaire, ainsi *que cela est constaté par les certificats ci-joints.*

Fait à   *le*   18

STRASBOURG, IMPRIMERIE DE G. SILBERMANN.

CANAL DU RHONE-AU-RHIN.

(DIVISION DU NORD.)

DÉPARTEMENT DU BAS-RHIN.

DEUXIÈME LOT DE TRAVAUX D'ENTRETIEN.

CHARPENTERIES ET FERRONNERIES.

DEVIS GÉNÉRAL

Des ouvrages du deuxième lot à exécuter en 1840, 1841 et 1842, pour l'entretien du canal et de ses dépendances entre l'écluse n° 64, d'Artzenheim et l'embouchure dans la rivière d'Ill, en aval de l'écluse n° 85, de Strasbourg.

CHAPITRE PREMIER.

DISPOSITIONS GÉNÉRALES.

ARTICLE PREMIER.

Le présent devis embrasse la partie du canal comprise entre l'écluse n° 64 d'Artzenheim, près de la limite des départements du Haut et du Bas-Rhin et l'embouchure dans la rivière d'Ill en aval de l'écluse n° 85 de Strasbourg.

ARTICLE 2.

Seront exécutés en régie ou par attachement :

1° Les travaux de menu détail d'entretien.

2° Ceux qui, par leur nature, ne pourraient être évalués assez exactement pour être faits par entreprise.

3° Les ouvrages qui exigent des soins particuliers et qui sont spécifiés au présent devis à l'article qui les concerne.

ARTICLE 3.

Les ouvrages d'entretien à exécuter par voie d'adjudication seront divisés en deux lots, le premier comprenant les terrassements et les maçonneries, et le deuxième la charpenterie et la ferronnerie.

ARTICLE 4.

Chacun de ces deux lots comprendra toute la partie du canal entre l'écluse n° 64, d'Artzenheim et la rivière d'Ill, en aval de l'écluse n° 85 de Strasbourg, dont la longueur est de 53,596 mètres.

ARTICLE 5.

Nature des ouvrages faisant partie du deuxième lot. Les travaux du deuxième lot, et qui font l'objet du présent devis, seront principalement les suivants :

1° La charpente des portes d'écluses, ponts, maisons, éclusières, pilotis, etc.

2° La menuiserie des maisons éclusières.

3° La ferrure des portes d'écluses, ponts, etc., et toute espèce d'ouvrages de serrurerie, fonte, etc.

4° La ferblanterie.

5° La vitrerie.

6° La peinture à l'huile des bois ou fers, le goudronnage et le calfatage des charpentes.

Cependant le goudronnage et le calfatage pourront être faits en régie toutes les fois que cela sera jugé convenable.

7° La fourniture des outils, clous et machines qui seront demandés pour l'exécution des travaux de toute espèce en régie ou par attachement.

8° La fourniture des cordages employés en régie et de l'huile à graisser les crics.

9° La fourniture de tous les matériaux nécessaires aux ouvrages du deuxième lot et qui seraient demandés à l'entrepreneur pour être employés en régie.

10° Enfin tous les ouvrages et fournitures portés au bordereau.

CHAPITRE II.

CHARPENTE.

ARTICLE 6.

Qualité des bois. Les bois fournis pour construction, chène ou sapin, seront équarris à vives arêtes. Ils seront sans aucun défaut, et auront les formes et les dimensions qui auront été demandées à l'entrepreneur.

Ils auront au moins deux ans de coupe.

Tous les bois de sciage d'une épaisseur plus grande que $0^m,05$ seront mesurés au cube, les autres au mètre carré.

Lorsque l'on appliquera les prix de pose et de fourniture, on ne comptera que le cube effectif des charpentes, sans avoir égard aux déchets dont on a tenu compte dans la composition des prix.

ARTICLE 7.

Assemblages. Tous les assemblages des bois seront exécutés suivant les dispositions prescrites et suivant les règles de l'art. Ils seront retenus au besoin par des boulons, chevilles en fer ou en bois, étriers, équerres ou autres ferrures, qui seront généralement encastrés à l'affleurement du bois.

ARTICLE 8.

Démontage des portes d'écluses. Dans le prix de la main-d'œuvre des charpentes sont compris l'encastrement et la pose des ferrures, clous ou chevilles en bois et l'enlèvement des pièces à remplacer. Le démontage et le remontage des portes d'écluses, ainsi que les tabliers et flèches de ponts-levis, seront payés à part au cube des parties démontées.

Toutes les fois que l'ordre en sera donné à l'entrepreneur, il devra enlever les portes de leur place, les monter et les barder sur la plate-forme de l'écluse sans vider les biefs du canal.

Le prix du démontage sera le même, soit que le démontage se fasse dans le sas, soit que les portes soient enlevées entièrement de leur place, pour être bardée sur la plate-forme de l'écluse. Dans ce dernier cas on payera toujours le démontage du vautail entier.

ARTICLE 9.

Le temps accordé pour démonter de vieilles portes d'écluses, les assembler et les replacer est de deux jours pour les portes d'amont et de quatre jours pour les portes d'aval.

Article 10.

L'entrepreneur fournira au prix du bordereau et posera les bois pour étançons, échafaudages Cintres, étançons, etc. ou ponts provisoires, mais seulement lorsqu'il s'agira d'ouvrages exécutés par régie.

Les cintres des ponts ou aqueducs seront, dans tous les cas, fournis et posés par l'entrepreneur du deuxième lot.

CHAPITRE III.

MENUISERIE ET VITRERIE.

Article 11.

Les bois employés à la menuiserie auront au moins trois ans de coupe ; ils seront anciennement Qualité des bois. sciés et parfaitement secs. Ils auront du reste les mêmes qualités que les bois de charpente.

Article 12.

Les planchers seront exécutés en chêne ou en sapin, suivant ce qui sera prescrit. Planchers.

Les planchers non rabotés seront assemblés à planches jointives. Les planchers rabotés seront assemblés à rainure et languette. Ils seront cloués sur les solives, qui auront été dressées de manière que les planches y reposent exactement.

Les planches seront les plus longues possible, et les joints d'un rang seront en liaison avec le rang voisin.

Article 13.

Les contremarches seront en sapin, de $0^m,027$ d'épaisseur, et les marches en chêne, de $0^m,035$ Escaliers. d'épaisseur, formant au dehors de la contremarche une saillie de $0^m,035$, arrondie en boudin.

Les limons auront $0^m,05$ d'épaisseur.

Chaque escalier sera garni d'un garde-corps en sapin formé de deux lisses, dont la première servira de main-courante.

Les escaliers seront payés par marche, y compris garde-corps et main-courante.

Les boulons seront payés séparément au kilogramme.

Article 14.

Les portes extérieures des maisons éclusières auront $0^m,035$ d'épaisseur. Elles seront faites à pan- Portes. neaux et frises avec moulure sur la face extérieure.

Les portes extérieures des caves seront en chêne simple, de $0^m,035$ d'épaisseur, avec assemblages à rainures, et languettes et emboîtures par les bouts.

Les portes intérieures seront en sapin, à double parement, avec bâtis de $0^m,03$ d'épaisseur, et panneaux de $0^m,027$.

Article 15.

Les contrevents seront en sapin, de $0^m,027$ d'épaisseur, avec emboîtures et traverses en chêne. Contre-vents.

Article 16.

Toute cette menuiserie sera payée au mètre carré. On comptera séparément les chambranles qui seront développés pour être payés comme menuiserie à un seul parement.

Article 17.

Les croisées seront à petit bois, en chêne bien sec, et assemblées à pointe de diamant. Croisées.

Les châssis à verre seront à battants, fermant à double recouvrement ou à noix et gueule de loup, et garnis à leur traverse inférieure d'un revers d'eau.

Les croisées, dont les battants fermeront à double recouvrement, auront un montant au milieu du châssis dormant.

L'épaisseur des petits bois sera de $0^m,03$. Celle des châssis dormants de $0^m,04$ et celle des battants à gueule de loup de $0^m,05$.

Les pièces que l'on remplacera, soit aux châssis dormants, soit aux châssis mobiles, seront payées au mètre courant.

Article 18.

Cloisons.

Les bois des montants et des entretoises seront rainés, afin de mieux tenir le mortier. Ils seront mesurés avec leur recouvrement.

La nature du remplissage, et les dimensions à donner seront indiquées à l'entrepreneur.

Article 19.

Démolition de charpente.

Lorsque l'on réparera des ouvrages de charpente, les vieux bois devant être remplacés, seront enlevés par l'entrepreneur et à ses frais. On a eu égard à cette main-d'œuvre dans l'évaluation des prix.

Lorsque des ouvrages de charpente auront été enlevés pour être remplacés par de neufs, ils seront dépecés pour en retirer toutes les ferrures et les pièces de bois qui seront jugées propres à être réemployées. Dans ce cas seulement la main-d'œuvre de démolition sera payée à l'entrepreneur.

Dans la main-d'œuvre de cette démolition est compris le transport au magasin des ferrures ou bois propres à reservir.

Article 20.

Vitrerie.

Le verre sera de premier choix, clair, blanc, sans bouillons ou nœuds.

Les verres seront payés au mètre carré, mastic et façon compris.

Ils seront arrêtés par des pointes plates, et garnis avec le mastic de céruse.

CHAPITRE IV.

FERRONNERIE, SERRURERIE, FONTE, FERBLANTERIE.

Article 21.

Qualité des fers.

Les fers seront doux, sans gerçures ni brûlures. Ils proviendront des meilleures forges du pays.

Les boulons et écrous seront taraudés avec soin; on rejettera ceux dont les pas de vis ne seraient pas à vive arête.

Article 22.

Toutes les ferrures, soit en fer forgé, soit en fonte ou en tôle, de même que toutes les pièces en cuivre, seront bien préparées, conformément aux règles de l'art. On leur donnera exactement les formes et les dimensions qui seront prescrites.

Article 23.

La pose en sera faite par l'entrepreneur sans augmentation des prix portés au bordereau, qui comprennent la main-d'œuvre.

Cependant, lorsque la valeur des ferrures au poids ou des objets de serrureries à la pièce à fournir, en une fois sur un même point du canal, ne s'élèvera pas à cent francs, on tiendra compte à l'entrepreneur de la perte de temps de l'ouvrier poseur, à raison de $0^f,25$ par kilomètre pour l'aller et le retour.

Article 24.

Toute espèce de ferrure ne sera posée qu'après avoir été pesée par le conducteur contradictoirement avec l'entrepreneur. Lorsque du vieux fer aura été donné à l'entrepreneur pour le faire reforger, il ne sera toléré qu'un déchet du cinquième; tout ce qui serait trouvé en moins, serait déduit du compte de l'entrepreneur.

Article 25.

Division des ferrures en trois classes principales.

On appellera *gros fer non travaillé*, celui employé aux barreaux de fenêtres et à d'autres ouvrages semblables.

Gros fer forgé, celui employé aux grands étriers, gros boulons, tirants des portes d'écluses, sabots et clous pour pieux, grosses pentures de portes, gonds, etc.

Menus fers, les ferrures proprement dites, travaillées, au marteau et limées.

A ces trois classes principales sont appliqués des prix différents.

Article 26.

Les serrures bénardes pour portes intérieures auront 0^m,20 de longueur. Elles seront assorties d'écussons, crampons, gâches, clefs; le tout proprement travaillé et poli à la lime douce.

Les serrures pour portes extérieures de cave auront 0^m,16 de longueur, seront fixées avec vis à écrous et munies de toutes leurs pièces, comme les précédentes. Toute serrure dont les mouvements ne seraient pas doux et faciles sera rebutée.

Ces serrures seront noircies à la corne.

Elles seront payées à la pièce, clef, gâche, entrées et vis comprises.

Article 27.

Chaque clef neuve ou refaite à neuf sera payée à la pièce, quel que soit son poids.

Article 28.

Les garnitures complètes de croisées neuves ordinaires seront composées de six fiches à broches de 0^m,11 de longueur, de deux boutons poignées, quatre tourniquets avec bouton et platine, et de six fortes pattes pour retenir le châssis dormant.

Il y aura en outre quatre équerres encastrées dans le bois, ayant des branches de 0^m,15 de longueur, fixées par cinq vis à bois.

Article 29.

Les garnitures de croisées fermant avec espagnolette seront composées de six fiches, quatre équerres et six pattes, comme ci-dessus.

L'espagnolette sera en fer rond de 0^m,015 de diamètre, et sera assortie de sa poignée à queue et bouton, et de ses pitons à œil et agrafes en haut et en bas. Elle sera payée au mètre courant et tout compris. La poignée sera comptée pour 0^m,35 de longueur.

Article 30.

En général, les ferrures des portes, volets, contre-vents, etc., auront les mêmes dimensions que les pièces anciennes qui seront à remplacer; s'il y a des changements à y apporter, ils seront indiqués à l'entrepreneur.

Article 31.

Un cric simple en fer de première qualité pesera de 24 à 25 kil. Il sera composé d'un hérisson avec son gros pignon, d'un petit pignon, d'une crémaillère de 1 mètre de longueur, d'une cage assortie de cliquets, clavettes, etc., d'un rochet et d'une manivelle.

Toutes ces pièces seront parfaitement confectionnées et s'emboîteront bien dans les engrenages, de manière à n'offrir qu'un frottement léger et uniforme. Elles seront trempées en paquets pour donner plus de dureté aux surfaces.

Il pourra être demandé à l'entrepreneur des crics simples pesant 32 à 34 kil., lesquels auront une crémaillère de 1^m,16 de longueur, et seront faits à l'instar du précédent.

Article 32.

Un cric à double engrenage pesera de 29 à 30 kil. Il sera composé de toutes les pièces d'un cric simple à crémaillère de 1 mètre de longueur, et sera en outre muni d'un petit hérisson avec son pignon.

Les crics à double engrenage pesant 37 kil., avec crémaillère de 1^m,16 de longueur, seront faits à l'instar du précédent.

Article 33.

Chaque cric simple ou double qui sera fait à neuf, muni de toutes ses pièces, sera payé en bloc. Dans le cas de réparation, chaque pièce aura son prix; mais dans ce prix ne seront pas comptés l'enlèvement, la pose du cric, non plus que le transport à la forge; ces manœuvres seront faites par les soins de l'administration.

Article 34.

Les scellements seront faits en plomb ou en soufre, suivant les ordres qui seront donnés. Ces matièress eront payées au kilogramme.

Le prix du trou de scellement sera compté séparément.

Article 35.

Fonte.
La fonte sera douce, de la meilleure qualité et de seconde fusion. Elle sera coulée exactement suivant les dimensions et formes prescrites ou modèles donnés.

Elle sera sans bavures ni soufflures.

Les trous de boulons et goujons pourront être préparés dans le coulage, mais ils seront toujours terminés à la lime ou à la tarière, afin qu'ils aient exactement l'ouverture prescrite.

L'entrepreneur n'est pas chargé de la fourniture des modèles.

Article 36.

Cuivre, plomb, soufre.
Le cuivre que l'on emploiera sera de première qualité, rouge et sans alliage. L'entrepreneur fournira le plomb et le soufre nécessaires aux scellements.

Article 37.

Ferblanterie.
Les chenaux seront en fer-blanc double, soudés bout à bout et se recouvrant sur $0^m,014$, de manière que l'eau ne puisse s'échapper.

Ils seront renforcés sur le côté d'une baguette en fer rond, de $0^m,014$ de diamètre, enroulée dans le fer-blanc.

Les chenaux reposeront sur des crochets en fer cintrés, espacés de $0^m,70$. Ils seront fixés aux chevrons et coyaux par de forts clous.

On observera, en posant ces chenaux, les pentes nécessaires et proportionnées à la longueur des toits, pour conduire les eaux du côté qui sera convenable.

Les chenaux se payeront au mètre courant, crochets et clous compris.

Article 38.

Les tuyaux de descente seront faits des mêmes feuilles de fer-blanc double, emboîtées de $0^m,014$ et bien soudées.

Ils seront tenus par des colliers en fer scellés dans le mur par nombre de 3 pour 4 mètres courants.

Ils seront payés au mètre courant, compris colliers et charnières.

Article 39.

Les faîtages et corniers que l'on jugera convenable de couvrir en fer-blanc, le seront en feuilles de fer-blanc simple, arrêtées en place par un grand clou dont la tête sera recouverte par du fer-blanc soudé.

Article 40.

Chaque feuille de grand ou de petit fer-blanc mise en œuvre sera payée à la pièce. Les feuilles de grand fer-blanc ayant $0^m,405$ de longueur sur $0^m,31$ de largeur, et les feuilles de petit fer-blanc $0^m,325$ sur $0^m,245$.

CHAPITRE V.

CORDAGES, HUILE A GRAISSER, CALFATAGE, GOUDRONNAGE ET PEINTURE.

Article 41.

Cordages.
L'entrepreneur fournira les cordages de toute espèce qui pourront lui être demandés pour les travaux en régie.

Ils seront de chanvre de première qualité.

Ils seront payés au kilogramme.

Article 42.

Huile.
L'huile à graisser les crics et machines sera fournie par l'entrepreneur, mais la distribution aux éclusiers se fera par les soins de l'administration.

L'entrepreneur fournira, suivant la demande qui lui en sera faite, soit de l'huile de pieds de bœuf clarifiée, première qualité, soit de l'huile d'olive lampante, deuxième qualité, mais bien clarifiée.

Article 43.

Le calfatage ou goudronnage des portes d'écluses exigeant des soins particuliers sera généralement fait en régie. Cependant il devra être fait par l'entrepreneur s'il en est requis, principalement pour les portes neuves.

Les joints des vannes, ventelles ou bardages seront calfatés et brayés. A cet effet on commencera par ouvrir les joints avec un coin, en les élargissant au besoin à l'entrée avec un tranchant. On introduira dans le joint ouvert une languette en bois d'une épaisseur convenable, taillée en coin et trempée préalablement dans le goudron fondu. Après avoir enfoncé cette languette au marteau, on la recouvrira par une latte mince enduite de goudron et clouée sur le joint.

Après avoir fait ce travail, on coulera encore du goudron chaud sur toutes les jointures, après les avoir chauffées préalablement, s'il en est besoin, avec des brandons de paille.

[marge : Calfatage.]

Article 44.

Le calfatage pourra aussi être fait avec de l'étoupe fortement comprimée dans le joint. Cette étoupe sera préalablement filée en cordeau. Lorsqu'une première bande d'étoupe aura été convenablement enfoncée, on en introduira une seconde, puis, au besoin, une troisième. Cela fait, on couvrira le joint de goudron fondu.

Article 45.

Les faces apparentes des bois qui seront habituellement dans l'eau, ainsi que les madriers du premier plancher des ponts, seront recouverts de goudron appliqué bouillant et en trois couches, après avoir parfaitement nettoyé et séché les surfaces à goudronner.

La première couche sera de goudron végétal pur.

Les deux autres seront en goudron végétal mêlé d'un tiers de mastic bitumineux calcaire, ou bien avec du goudron végétal dans lequel on aura mêlé de la chaux dans les proportions suivantes : 15 kil. de goudron pour 1 kil. de chaux éteinte en poudre sèche.

[marge : Goudronnage.]

Article 46.

Le goudron sera de première qualité.

Le mastic bitumineux proviendra des fabriques de Lobsan (Bas-Rhin).

Article 47.

Il pourra être fourni pour appliquer des enduits du bitume en barils et du mastic bitumineux en pains, provenant de la même fabrique.

L'emploi du bitume ou du goudron pourra toujours être fait en régie.

[marge : Bitume.]

Article 48.

Les bois ou les fers pourront être couverts d'une ou de plusieurs couches de peinture de la couleur qui sera indiquée.

Les couleurs seront convenablement broyées sous une molette et bien liées avec de l'huile de noix ou de lin rendu siccative par un mélange de térébenthine, ou en la faisant bouillir avec de la litarge.

La première couche sera peu chargée de couleur, la seconde un peu plus, et la troisième davantage encore.

La deuxième et la troisième couche ne seront appliquées que lorsque la précédente sera suffisamment sèche.

[marge : Peinture.]

CHAPITRE VI.

FOURNITURE D'OUTILS POUR LES ATELIERS DE RÉGIE. RÉTROCESSION DE VIEUX MATÉRIAUX.

Article 49.

L'entrepreneur fournira les outils qui seraient nécessaires pour les travaux exécutés en régie ou par attachement, tels que brouettes, civières, pelles, pioches, marteaux de maçon, etc.

La fourniture des clous, boulons, etc., sera faite par lui.

Les manches en bois seront payés à la pièce, pose comprise. Ils seront de bois de première qualité.

[marge : Fourniture d'outils.]

Le fer aciéré sera payé au kilogramme.

Les brouettes ou réparation de brouettes seront payées à la pièce, et non compris les ferrures qui seront pesées et payées séparément.

Les réparations et appointages d'outils seront aussi faits par l'entrepreneur.

ARTICLE 50.

L'entrepreneur étant payé de la main-d'œuvre des démolitions, tous les vieux matériaux appartiendront à l'administration, qui pourra, ou les faire réemployer par l'entrepreneur ou les lui rétrocéder.

ARTICLE 51.

Dans ce dernier cas le fer forgé et la fonte seront cédés au prix fixé au bordereau, non modifié par l'adjudication et sans déduction de déchet provenant de la peinture du goudron, rouille, etc. Toutefois on laissera à l'entrepreneur la faculté d'enlever cette crasse avec des outils, mais sans les faire passer au feu.

ARTICLE 52.

Les bois ne seront rétrocédés que dans le cas où il serait absolument impossible de les réemployer. L'entrepreneur les reprendra aux prix invariablement fixés au bordereau.

CHAPITRE VII.

CLAUSES ET CONDITIONS PARTICULIÈRES DE L'ADJUDICATION.

ARTICLE 53.

L'entreprise commencera immédiatement après l'adjudication, et durera jusqu'au 31 décembre 1842.

Il sera accordé à l'entrepreneur, pour se mettre en mesure, un délai d'un mois qui datera du jour de l'adjudication; passé ce délai, il sera soumis à toutes les clauses et conditions de son marché.

ARTICLE 54.

Les deux lots pourront être adjugés au même entrepreneur.

ARTICLE 55.

L'entrepreneur ne sera admis à réclamer aucune indemnité au sujet de la division des ouvrages qui sera faite par l'administration en travaux par entreprise et en travaux de menues réparations exécutés en régie, non plus que pour les cas d'urgence où il serait jugé nécessaire, pour éviter des retards, d'établir immédiatement des ateliers soit en régie, soit par attachement.

ARTICLE 56.

L'adjudication aura lieu par série de prix. La dépense annuelle sera réglée par les allocations du budget : elle sera d'environ dix mille francs. L'entrepreneur sera tenu de faire, en temps utile, l'emploi des fonds alloués, *quel qu'en soit le montant,* soit en plus, soit en moins de la somme ci-dessus.

ARTICLE 57.

Dans le courant du premier mois de chaque année il sera dressé un état d'indication des ouvrages à exécuter dans la campagne, eu égard aux besoins du service et aux fonds dont on pourra disposer. Cet état sera remis à l'entrepreneur pour qu'il se mette en mesure d'exécuter les travaux aussi promptement que le permettront les circonstances. On y joindra les dessins et profils nécessaires à l'intelligence des projets.

Cet état pourra être modifié, si des circonstances imprévues s'opposaient à l'exécution de tous les ouvrages indiqués ou portaient à en ajourner quelques-uns pour en exécuter d'autres.

ARTICLE 58.

Dans tous les cas l'entrepreneur devra exécuter chaque espèce d'ouvrage dans les délais et aux époques qui lui seront prescrites.

Dans l'exécution de ces ouvrages, il ne devra jamais entraver la navigation, ni modifier d'aucune manière la tenue des eaux dans les biefs sans y avoir été autorisé formellement et par écrit par les ingénieurs. Il ne sera pas admis à réclamer d'indemnité pour perte de temps occasionnée par le passage des bateaux ou les difficultés d'exécution résultant de la hauteur des eaux.

ARTICLE 59.

Tous les matériaux nécessaires pour l'exécution des travaux à faire pendant un chômage devront être approvisionnés sur le lieu de l'emploi, mis en état de réception et prêts à être *employés quinze jours au moins* avant l'ouverture du chômage. Toutes les dispositions seront prises pour commencer les travaux immédiatement et les pousser avec la plus grande activité.

ARTICLE 60.

Si dans le cas d'un chômage, ou toute autre circonstance pressante, l'entrepreneur ne prenait pas les mesures nécessaires pour fournir à l'époque prescrite les outils et les matériaux demandés ou ceux d'approvisionnement, et s'il n'employait pas le nombre d'ouvriers jugé nécessaire pendant l'exécution des travaux, il y serait pourvu par une régie à ses frais et sans aucun retard par les soins de l'ingénieur qui rendrait compte de suite au préfet des motifs de cette mesure, laquelle pourrait être confirmée ou suspendue par l'administration.

ARTICLE 61.

L'entrepreneur devra toujours avoir en magasin des approvisionnements de bois suffisant pour les cas imprévus qui pourraient subvenir. Lorsque la quantité en aura été prescrite par les ingénieurs et par écrit, ces approvisionnements seront portés en compte à l'entrepreneur, s'ils n'étaient pas employés lors de l'expiration du bail ou pour le cas de résiliation de ce bail.

ARTICLE 62.

Lorsque les travaux seront exécutés par attachement, les ouvriers, équipages et outils seront fournis par l'entrepreneur.

Le prix des journées sera réglé par l'ingénieur ou un agent délégué, sans avoir égard aux prix qui sont établis dans les sous-détails. On se conformera du reste à ce qui est prescrit à ce sujet aux art. 23 et 24 des clauses et conditions générales du 25 août 1833.

ARTICLE 63.

Indépendamment des charges imposées par les art. 9 et 10 des mêmes clauses, l'entrepreneur sera tenu d'acquitter à ses frais les droits de navigation de tous les transports par eau, faits par lui et les droits d'entrée en France des matériaux provenant de l'étranger.

Ces prix entrent dans la composition des sous-détails.

ARTICLE 64.

Les matériaux approvisonnés qui ne seraient pas reconnus de bonne qualité seront enlevés par l'entrepreneur dans l'espace de temps qui lui sera assigné ; sinon, il y serait pourvu à ses frais.

Cette mesure est indispensable pour prévenir l'emploi de matériaux défectueux.

ARTICLE 65.

L'entrepreneur sera payé de ses ouvrages d'après les métrés ou attachements tenus contradictoirement par lui et un agent de l'administration.

ARTICLE 66.

Il surveillera tous les travaux qui se feront, soit par entreprise, soit par attachement. Il sera responsable de leur bonne exécution.

Il devra se conformer à tous les ordres qui lui seront donnés par écrit par les ingénieurs.

ARTICLE 67.

Il sera fait à l'entrepreneur sur le montant des ouvrages exécutés une retenue de garantie d'un dixième, qui s'exercera pendant la durée d'un an. Pendant ce délai l'entrepreneur restera responsable de ses ouvrages et l'entretien en sera à ses frais. Les payements de solde ne pourront, dans tous les cas, lui être faits qu'après la réception définitive, et après qu'il aura justifié par des quittances en forme qu'il a payé toutes les indemnités de carrière et indemnités de terrains à sa charge.

Article 68.

L'entrepreneur se conformera en tout point au cahier des clauses et conditions générales du 25 août 1833, dont il sera donné connaissance aux concurrents.

Fait et présenté par l'ingénieur en chef soussigné.
Strasbourg, le 9 juin 1838.

Signé MOSSÈRE.

Vu par nous préfet du Doubs.
Besançon, le 13 juin 1838.

Pour le préfet en congé, le conseiller de préfecture délégué,
Signé MAISTRE.

Approuvé conformément à ma lettre de ce jour.
Paris, le 4 septembre 1839.

Le ministre secrétaire d'État des travaux publics.
Signé DUFAURE.

Rectifié conformément à la lettre d'approbation de M. le ministre des travaux publics, en date du 4 septembre 1839.
Strasbourg, le 16 octobre 1839.

L'ingénieur en chef, MOSSÈRE.

CANAL DU RHONE-AU-RHIN.

(DIVISION DU NORD.)

4ᵉ INSPECTION
DIVISIONNAIRE.

ANNÉES
1840, 1841 et 1842.

DÉPARTEMENT DU BAS-RHIN.

DEUXIÈME LOT DE TRAVAUX D'ENTRETIEN.

CHARPENTERIES ET FERRONNERIES.

SOUS-DÉTAILS

Des prix des ouvrages du deuxième lot à exécuter en 1840, 1841 et 1842, pour l'entretien du canal et de ses dépendances entre l'écluse n° 64, d'Artzenheim et l'embouchure dans la rivière d'Ill, en aval de l'écluse n° 85, de Strasbourg.

CHAPITRE PREMIER.

CHARPENTE.

ARTICLE PREMIER.

FOURNITURE DE BOIS.

N° 1. Prix du mètre cube de bois de chêne équarri à vive arête et de moins de 5 mètres de longueur (non compris l'emploi).

	Porté en compte.	Bois de chêne.
Le mètre cube de bois équarri, transporté à pied-d'œuvre, est estimé à . . . 65ᶠ00		
Un vingtième pour faux frais. 3,25		
68,25		
Un dixième de bénéfice 6,83		
Prix du mètre cube. . . 75,08	75ᶠ08	

N° 2. Prix du mètre cube de bois de chêne équarri à vive arête de 5 à 7 mètres de longueur, et de 0ᵐ,25 à 0ᵐ,30 d'équarrisage, rendu à pied-d'œuvre.

	Porté en compte.
Prix du bois rendu à pied-d'œuvre. 75ᶠ00	
Un vingtième pour faux frais 3,75	
78,75	
Un dixième de bénéfice 7,88	
Prix du mètre cube. . . 86,63	86,63

Nº 3. Prix du mètre cube de bois de chêne équarri à vive arête, de premier choix pour poteaux busqués et tourillons, balanciers et entretoises de portes d'écluses ou longerons courbes des ponts fixes (non compris l'emploi).

Porté en compte.

Prix du bois rendu à pied-d'œuvre.	90ᶠ00
Un vingtième pour faux frais	4,50
	94,50
Un dixième de bénéfice	9,45
Prix du mètre cube. . .	103,95 103ᶠ95

Nº 4. Prix du mètre cube de bois de brin équarri pour longerons de ponts-levis ou de bois de chêne équarri à vive arête de premier choix, de plus de 7 mètres de longueur pour flèches de ponts-levis ou autres ouvrages.

Prix du bois rendu à pied-d'œuvre.	115ᶠ00
Un vingtième pour faux frais	5,75
	120,75
Un dixième de bénéfice	12,08
Prix du mètre cube. . .	132,83 132,83

Nº 5. Prix du mètre carré de bois de sciage en chêne raboté et dressé, de 0ᵐ,05 d'épaisseur.

(*Nota*. Les bois de sciage d'une épaisseur plus grande, seront comptés au cube comme bois équarris.)

Le mètre carré de madriers de chêne rendu à pied-d'œuvre, raboté et dressé, coûte	4ᶠ50
Un vingtième pour outils et faux frais.	0,23
	4,73
Un dixième de bénéfice	0,47
Prix du mètre carré . . .	5,20 5,20

Nº 6. Prix du mètre carré de planches de chêne varloppées et dressées de 0ᵐ,025 à 0ᵐ,035 d'épaisseur.

Le mètre carré rendu à pied-d'œuvre coûte	3ᶠ50
Un vingtième pour faux frais	0,18
	3,68
Un dixième de bénéfice	0,37
Prix du mètre carré . .	4,05 4,05

Nº 7. Prix du mètre cube de bois de sapin en grume rendu à pied-d'œuvre.

Prix du bois rendu à pied-d'œuvre	34,00
Un vingtième pour faux frais	1,70
	35,70
Un dixième de bénéfice	3,57
Prix du mètre cube . . .	39,27 39,27

Nº 8. Prix du mètre cube de bois de sapin équarri à vive arête ou bois de sciage de toutes les dimensions.

Prix du bois rendu à pied-d'œuvre	45ᶠ00
Un vingtième de faux frais	2,25
	47,25
Un dixième de bénéfice	4,73
Prix du mètre cube . .	51,98 51,98

Nº 9. Prix du mètre carré de plancher en sapin de 0m,03 d'épaisseur.

Prix du mètre carré rendu à pied-d'œuvre 1f250

Un vingtième pour faux frais 0,062

1,312

Un dixième de bénéfice 0,131

Prix du mètre carré . . 1,443   1f44

Nº 10. Prix du mètre carré de planches en sapin de 0m,027 à 0m,028 d'épaisseur et au-dessous.

Prix du mètre carré rendu à pied-d'œuvre 1f000

Un vingtième de faux frais 0,050

1,050

Un dixième de bénéfice 0,105

Prix du mètre carré . . 1,155   1,16

Nº 11. Prix du mètre carré de madriers de sapin de 0m,054 d'épaisseur, pour échafaudages, etc.

Le mètre carré coûte à pied d'œuvre 2f300

Un vingtième pour faux frais 0,115

2,415

Un dixième de bénéfice 0,242

Prix du mètre carré . . 2,657   2,66

Article 2.

FOURNITURE ET MISE-EN-ŒUVRE DES BOIS.

Nº 12. Prix du mètre cube de bois de chêne équarri à vive arête de moins de 5 mètres de longueur, mis en œuvre sans assemblages.

Le mètre cube coûte (nº 1) 65f000

Un trentième de déchet 2,167

67,167

Main-d'œuvre y compris le levage, etc. :

2j,50 de charpentier à 3f,00, ci 7,500

74,667

Un vingtième de faux frais 3,733

78,400

Un dixième de bénéfice 7,840

Prix du mètre cube. . . 86,240   86,24

[note en marge : Bois de chêne mis en œuvre sans assemblages.]

Nº 13. Prix du mètre cube de bois comme au nº 12, mais avec assemblages.

Prix du mètre cube rendu à pied-d'œuvre (nº 1) 65f000

Un vingtième de déchet 3,250

Main-d'œuvre y compris levage : 5 journées de charpentier à 3f,00 . . . 15,000

83,250

Un vingtième pour outils et faux frais 4,162

87,412

Un dixième de bénéfice 8,741

Prix du mètre cube . . . 96,153   96,15

[note en marge : Bois de chêne mis en œuvre avec assemblages.]

Porté
en compte.

Charpente en chêne de 5 à 7 mètres.

N° 14. Prix du mètre cube de bois de chêne équarri de 5 à 7 mètres, mis en œuvre avec assemblages.

Prix du mètre cube (n° 2)	75ᶠ000	
Un vingtième de déchet.	3,750	
Main-d'œuvre comme au n° 13.	15,000	
	93,750	
Un vingtième pour outils et faux frais	4,687	
	98,437	
Un dixième de bénéfice	9,844	
Prix du mètre cube . .	108,281	10ᶠ828

Grandes pièces des portes d'écluses.

N° 15. Prix du mètre cube de bois de chêne équarri de premier choix, façonné et assemblé pour poteaux, tourillons et busques, balanciers et entretoises des portes d'écluses.

Prix du bois (n° 3)	90ᶠ000	
Un quinzième de déchet	6,000	
Façon et assemblage y compris l'enlèvement des anciens bois, mais non compris l'enlèvement , le démontage et la remise en place des portes : 8 journées de charpentier à 3ᶠ,00	24,000	
	120,000	
Un vingtième pour outils et faux frais	6,000	
	126,000	
Un dixième de bénéfice	12,600	
Prix du mètre cube. . .	138,600	138,60

Longerons courbes.

N° 16. Prix du mètre cube de longerons courbes mis en œuvre pour ponts fixes.

Le mètre cube coûte (n° 3)	90ᶠ000	
Un trentième de déchet	3,000	
Pose et levage : 4 journées de charpentier à 3ᶠ,00	12,000	
	105,000	
Un vingtième pour outils et faux frais	5,250	
	110,250	
Un dixième de bénéfice.	11,025	
Prix du mètre cube . . .	121,275	121,28

Charpente en chêne de plus de 7 mètres de longueur et longerons de ponts-levis.

N° 17. Prix du mètre cube de charpente de plus de 7 mètres de longueur avec assemblages ou de longerons de ponts-levis en bois de brin.

Le mètre cube coûte (n° 4)	115ᶠ000	
Un trentième de déchet.	3,833	
Façon, non compris la pose du tablier : 7 journées de charpentier à 3ᶠ,00 . .	21,000	
	139,833	
Un vingtième de faux frais	6,992	
	146,825	
Un dixième de bénéfice	14,683	
Prix du mètre cube . . .	161,508	161,51

Bordages en chêne

N° 18. Prix du mètre carré de bordages pour portes d'écluses ou planchers de ponts-levis, fourniture et pose (clous fournis à part).

Le mètre carré coûte (n° 5)	4,500	
Un vingtième de déchet	0,225	
	4,725	

| | D'autre part. . . . | 4^{f}725 |
| Pose et assemblage : 3 heures de charpentier à 0 ,30 , ... | 0,900 |

Porté en compte.

	5,625
Un vingtième pour outils et faux frais	0,282
	5,907
Un dixième de bénéfice	0,591
Prix du mètre carré . .	6,498	6^{f}50

N° 19. Prix du mètre carré de bordages en pin pour ventelles (fourniture , façon et pose).

Ventelles des portes d'écluses.

Un mètre carré de planches de pin de 0^m,055 d'épaisseur coûte, rendu à pied-d'œuvre	4^{f}000
Un vingtième de déchet	0,200
Façon , assemblage et pose, y compris l'enlèvement de l'ancienne ventelle , la pose des ferrements et coulisses : 5 heures de charpentier à 0^f,30	1,500
	5,700
Un vingtième pour outils et faux frais	0,285
	5,985
Un dixième de bénéfice	0,599
Prix du mètre carré . . .	6,584	6,58

N° 20. Prix du mètre cube de bois de sapin équarri mis en œuvre sans assemblage.

Charpente en sapin.

Un mètre cube de bois coûte (n° 8)	45^{f}000
Un vingtième de déchet	2,250
	47,250
Levage et pose : 2 journées et demie à 3^f,00	7,500
	54,750
Un vingtième pour outils et faux frais	2,738
	57,488
Un dixième de bénéfice	5,749
Prix du mètre cube. . .	63,237	63,24

N° 21. Même bois qu'au n° 20, mis en œuvre avec assemblages.

Un mètre cube coûte	45^{f}000
Un vingtième de déchet	2,250
Façon, assemblage et pose : 4 journées de charpentier à 3^f,00	12,000
	59,250
Un vingtième pour outils et faux frais	2,962
	62,212
Un dixième de bénéfice	6,221
Prix du mètre cube. . .	68,433	68,43

Démontage et repose des portes d'écluses.

N° 22. Démontage des portes d'écluses entièrement ou par parties, bordage sur le chantier, remontage et pose des mêmes pièces après réparations, y compris machines, agrès et toute espèce de faux frais (non compris la main-d'œuvre de charpente), le mètre cube sera payé, ci 14,00

N° 23. Lorsque les portes seront enlevées pour être démolies et remplacées par de neuves, l'enlèvement des anciennes et la pose des neuves ne seront payés par mètre cube que . 8,00

N° 24. Démontage et repose des flèches et tablier d'un pont-levis, bordage sur le chantier, y compris les agrès, machine et toute espèce de faux frais, le mètre cube est estimé à . 10,00

Porté
en compte.

N° 25. Lorsque les pièces enlevées seront démolies et remplacées par de neuves, le démontage et la pose ne seront payés par mètre cube que 6ᶠ00

Démolitions.

N° 26. Prix du mètre cube de démolition de vieilles charpentes dépecées pièce par pièce, pour en détacher les ferrures et les bois qui peuvent reservir, tout compris 3,00

Échafaudages, étançons provisoires et cintres.

N° 27. Prix du mètre cube de bois sans sujétion pour échafaudages, étançons, couchis, ponts de service et autres ouvrages provisoires servant à l'exécution des *travaux en régie*, les bois étant repris par l'entrepreneur.

Le mètre cube de bois de sapin en grume ou grossièrement équarri est estimé moyennement à 40ᶠ,00.

Un cinquième de cette valeur pour loyer et déchet 8ᶠ00
Transport du magasin au chantier et réciproquement 6,00
Façon, ci 6,00
                        20,00
Un dixième pour outils et faux frais 2,00
                        22,00
Un dixième de bénéfice 2,20
          Prix du mètre cube . . 24,20   24,20

N° 28. Prix du mètre cube de bois avec sujétion pour cintres ou autres ouvrages provisoires exigeant assemblages et recoupes, les bois étant repris par l'entrepreneur.

Le mètre cube est estimé comme au numéro précédent, 40ᶠ,00

Un tiers de cette valeur pour loyer et déchet 13ᶠ333
Transport comme au n° 27 6,000
Taille, levage et assemblage : 4 journées à 3ᶠ,00 12,000
                        31,333
Un dixième de faux frais 3,133
                        34,466
Un dixième de bénéfice 3,447
          Prix du mètre cube. . . 37,913   37,91

Battage d'un pieu.

N° 29. Prix de l'affûtage, battage et récépage d'un pieu de 0ᵐ,20 à 0ᵐ,25 d'équarrisage de 2 à 3 mètres de longueur et enfoncé de 1 à 2 mètres de fiche.

Façon du pieu, dressement et pose du sabot, bordage, etc., 5 heures de charpentier à 0ᶠ,25 . . . . 1ᶠ250
Battage : un atelier composé de cinq manœuvres payés 1ᶠ,50, et d'un charpentier à 2ᶠ,50, battra avec un mouton à bras quatre pieux par jour, y compris le déplacement des échafaudages, ce qui fait revenir le battage d'un pieu à 2,500
Récépage et façon du tenon : 3 heures de charpentier à 0,25, ci 0,750
                        4,500
Un dixième pour échafaudages, outils et autres faux frais 0,450
                        4,950
Un dixième de bénéfice 0,495
          Prix du battage d'un pieu . . 5,445   5,45

N° 30. Prix du battage d'un pieu comme au n° 29, mais dans un sol dur et graveleux.

Façon du pieu, dressement, pose du sabot, etc., comme au n° 29 . . . . . 2ᶠ000
Battage : une sonnette à déclic avec un mouton du poids de 400 kil., coûtant 3ᶠ,00 de loyer par jour, et manœuvrée par un charpentier payé 2ᶠ,50 et cinq manœuvres à 1ᶠ,70, battra quatre pieux par jour, y compris le déplacement de

D'autre part. . . 2^f000   Porté

l'échafaudage, ce qui fait revenir le battage d'un pieu à 3,500   en compte.

5,500

Un huitième pour échafaudage, entretien et transport de la sonnette, faux frais, etc.   0,688

6,188

Un dixième de bénéfice. 0,619

Prix du battage d'un pieu . .   6,807   6^f81

Nota. Si la sonnette était fournie par la régie, on retrancherait le prix du loyer du détail ci-dessus, tout en conservant la même somme pour faux frais, entretien et transport de cette sonnette.

Le prix du battage d'un pieu serait alors réduit à 5,98

N° 31. Prix de la main-d'œuvre d'un mètre cube de bois de démolition retravaillé, y compris le transport au chantier.

Taille et pose : 4 journées de charpentier à 3^f,00 . . . . 12^f000

Transport du magasin au chantier 3,000

15,000

Un vingtième pour outils et faux frais 0,750

15,750

Un dixième de bénéfice 1,575

Prix du mètre cube. . .   17,325   17,33

CHAPITRE II.

MENUISERIE.

Observation. Les prix dont le détail ne sera pas relaté comprennent : un vingtième de faux frais et un dixième de bénéfice.

N° 32. Prix d'un mètre carré de plancher de chêne varloppé d'un côté de 0^m,05 d'épaisseur, clous compris.   Planchers.

Le mètre carré coûte (n° 5) . . . . 4^f500

Un vingtième de déchet 0,225

4,725

Deux heures et demie de charpentier à 0^f,30 0,750

Clous 0,700

6,175

Un vingtième pour outils et faux frais 0,309

6,484

Un dixième de bénéfice 0,648

Prix du mètre carré. . .   7,132   7,13

N° 33. Prix d'un mètre carré de plancher de chêne raboté d'un côté, en planches jointives de 0^m,025 à 0^m,035 d'épaisseur.

Le mètre carré de planches est estimé (n° 6) à . . . . 3^f500

Un vingtième de déchet 0,175

Clous 0,300

Main-d'œuvre : 2 heures de menuisier à 0^f,30 0,600

4,575

Un vingtième pour outils et faux frais 0,228

4,803

D'autre part. . .	4f803	Porté
Un dixième de bénéfice	0,480	en compte.
Prix du mètre carré. . .	5,283	5f28

Nº 34. Même plancher qu'au nº 33, mais assemblé à rainures et languettes.

1 mètre carré de planches coûte	3f500
Un quinzième de déchet	0,233
Clous	0,300
Main-d'œuvre : 3h,50 de menuisier à 0f,30	1,050
	5,083
Un vingtième pour outils et faux frais.	0,254
	5,337
Un dixième de bénéfice	0,534
Prix du mètre carré . . . 5,871	5,87

Nº 35. Prix d'un mètre carré de plancher de sapin non raboté, en planches jointives de 0m,027 à 0m,028 d'épaisseur.

Le mètre carré de planches coûte (nº 10)	1f000
Un vingtième de déchet	0,050
Clous	0,300
Main-d'œuvre : 1 heure et demie de menuisier à 0f,30	0,450
	1,800
Un vingtième pour outils et faux frais	0,090
	1,890
Un dixième de bénéfice	0,189
Prix du mètre carré . . . 2,079	2,08

Nº 36. Prix du mètre carré de plancher de sapin raboté en planches jointives de 0m,028 à 0,03 d'épaisseur.

Le mètre carré de planches coûte (nº 9)	1f250
Un vingtième de déchet	0,063
Clous	0,300
Main-d'œuvre : 2 heures de menuisier à 0f,30	0,600
	2,213
Un vingtième pour faux frais	0,111
	2,324
Un dixième de bénéfice	0,232
Prix du mètre carré . . . 2,556	2,56

Nº 37. Même plancher qu'au nº 36, mais assemblé à rainures et languettes.

Bois comme au nº 36	1f250
Un quinzième de déchet	0,083
Clous	0,300
Colle-forte	0,100
Main-d'œuvre : 3 heures de menuisier à 0f,30	0,900
	2,633
Un vingtième pour faux frais.	0,132
	2,765
Un dixième de bénéfice	0,276
Prix du mètre carré . . . 3,041	3,04

N° 38. Prix du mètre carré de faux plancher en planches brutes chassées dans les rainures pratiquées dans les poutres.

Porté en compte.

Le mètre carré de planches coûte 1f000

Un trentième de déchet 0,033

————

1,033

Main-d'œuvre : 1h,50 de charpentier à 0f,30 0,450

————

1,483

Un vingtième de faux frais 0,074

————

1,557

Un dixième de bénéfice 0,156

————

Prix du mètre carré . . . 1,713   1f71

N° 39. Prix du mètre carré de menuiserie pour portes ou contre-vents en chêne de 0m,03 d'épaisseur, assemblé à rainures et languettes, avec emboîtures et barres, traverses et écharpes, tout compris 8,50

Portes, contre-vents, lambris, etc.

N° 40. Prix du mètre carré de menuiserie en chêne de 0m,03 d'épaisseur, à recouvrement et à panneaux et frises, avec moulures sur les deux faces, pour portes intérieures, tout compris 14,00

N° 41. Prix du mètre carré de menuiserie en chêne de 0m,035 d'épaisseur, à panneaux et frises avec moulures sur une face pour portes extérieures 13,00

N° 42. Prix du mètre carré de menuiserie en chêne simple avec assemblages à rainures et languettes de 0m,035 d'épaisseur pour portes extérieures de cave 9,00

N° 43. Prix du mètre carré de menuiserie en sapin à un seul parement, les bâtis de 0m,027 d'épaisseur, et les panneaux de 0m,02, tout compris 5,50

N° 44. Prix du mètre carré de menuiserie à double parement, les frises de 0m,03 d'épaisseur, et les panneaux de 0m,027 pour portes intérieures, tout compris 6,50

N° 45. Prix du mètre carré de menuiserie de sapin de 0m,027 d'épaisseur avec moulures pour chambranles de portes intérieures 5,65

N° 46. Chambranles ou socles en sapin uni de 0m,027 d'épaisseur, tout compris 4,65

N° 47. Prix du mètre carré de menuiserie de sapin d'assemblage de 0m,027 d'épaisseur emboîtée en chêne pour les bouts pour contre-vents ou autres ouvrages semblables . . . 5,60

N° 48. Prix du mètre courant de bordures, moulures, cimaises rapportées en sapin de 0m,03 à 0m,07 d'épaisseur, pose, colle et clous compris 0,60

N° 49. Prix du mètre courant de plinthes ou bordures en sapin de 0m,08 à 0m,12 de largeur sur 0m,02 d'épaisseur. 0,35

N° 50. Prix du mètre carré de châssis en chêne pour croisées dont la description est donnée dans le devis 9,70

Châssis de croisées.

N° 51. Prix du mètre courant de pièces d'appui remplacées aux châssis des croisées, eu égard au déplacement de l'ouvrier 2,80

N° 52. Prix du mètre courant de revers d'eau remplacé aux battants de châssis des croisées, tout compris 3,50

N° 53. Prix du mètre courant de parties remplacées aux battants de croisées, gueules de loup, montants, tout compris 1,70

N° 54. Prix du mètre carré de parties remplacées aux petits bois des châssis de croisées, ci. 1,70

N° 55. Prix de chaque degré d'escalier des maisons éclusières en planches de chêne de

Degrés d'escaliers.

$0^m,035$ d'épaisseur pour les marches, et en sapin de $0^m,027$ pour les contre-marches, avec limons en chêne de $0^m,05$ d'épaisseur, balustrade et main courante en sapin, comme il est expliqué au devis, tout compris, mais sans les boulons en fer, ci . . . .   6^{f}50 *Porté en compte.*

N° 56. Prix de chaque degré d'escalier comme ci-dessus remplacé, eu égard à la difficulté.   8,00

N° 57. Remplacement de contre-marches en sapin de $0^m,027$ d'épaisseur, le mètre carré, ci   4,00

CHAPITRE III.

FERRONNERIE, FONTE, SERRURERIE, FERBLANTERIE, ETC.

Ferrures.

Observation. Les prix de ce chapitre comprennent le transport à pied-d'œuvre des fers neufs et le double transport des fers à reforger. L'ajustage et la pose sont de même compris, soit dans les prix suivants, soit dans les prix de charpente.

Cependant, lorsque la valeur des ferrures au poids ou des objets de serrurerie à la pièce à fournir en une fois sur un même point du canal ne s'élèvera pas à $100^f,00$, on tiendra compte à l'entrepreneur de la perte de temps de l'ouvrier poseur, à raison de $0^f,25$ par kilomètre, pour l'aller et le retour.

Quand les fers seront fournis pour être employés en régie, il ne sera fait aucune diminution sur les prix du bordereau.

Les prix suivants comprennent les faux frais et le bénéfice.

Les trous de scellement seront comptés à part aux prix du bordereau.

N° 58. Le kilogramme de gros fer neuf en barres, non travaillé et simplement dressé et coupé, tels que barreaux de fenêtres, etc. . . . .   1^{f}00

N° 59. Le kilogramme de gros fer forgé pour ferrements de portes d'écluses, ponts, sabots de pilots et autres ouvrages du même genre, ci   1,40

N° 60. Le kilogramme de fer forgé pour fourches de ventelles avec les boulons, supports de passerelles, axes de bascules, charnières et crapaudines de ponts-levis, ci   2,00

N° 61. Boulons à écrous de 1 kil. et au-dessus : le kilogramme sera payé   1,50

N° 62. Boulons à écrous au-dessous de 1 kil. : le kilogramme   2,00

N° 63. Le kilogramme de vieux gros fer à reforger et resouder sans changer de forme (les fers neufs à ajouter se payeront comme ouvrages neufs), ci   0,60

N° 64. Gros vieux fer à reforger avec changement de forme   0,80
Nota. Le déchet ne doit être que du cinquième au plus, et l'entrepreneur doit rendre 8 kil. de fer forgé pour 10 kil. de vieux fer. (Voir l'art. 24 du devis.)

N° 65. Gros fer à redresser, boulons à réparer, le kilogramme à   0,20

N° 66. Le kilogramme de chaînes neuves de toutes dimensions, ci   1,80

N° 67. Le kilogramme de menu fer forgé avec vis et écroux, tel que verroux, crochets, loquets, pattes, targettes et autres pièces de serrurerie proprement travaillées à la lime, ci .   3,00

N° 68. Le kilogramme de menu fer comme au n° 67 à reforger   1,00

N° 69. Le kilogramme de fer plat de fabrique pour garnitures de fenêtres ou portes . .   3,00

Broches, clous, etc.

N° 70. Le kilogramme de broches   1,05

N° 71. Demi-broches, le kilogramme   1,15

N° 72. Clous à coyau, le cent   7,75

N° 73. Clous à demi-coyau, ci   4,15

N° 74. Clous à double latte, ci   1,15

	Porté en compte.
N° 75. Clous à latte, le cent.	0f70
N° 76. Clous à serrure, *id.*	0,45
N° 77. Clous à demi-serrure, *id.*	0,20
N° 78. Clous à plafond, *id.*	0,50
N° 79. Clous à penture, *id.*	1,50
N° 80. Clous à penture à tête limée, *id.*	2,45
N° 81. Clous à demi-penture, *id.*	0,75
N° 82. Clous à demi-penture à tête limée, *id.*	1,60
N° 83. Happes de 0m,043 de longueur, le millier	15,50
— de petites dimensions, *id.*	11,50
N° 84. Vis à bois de 0m,04 de longueur, la pièce	0,04
— de 0m,05	0,05
— de 0m,06	0,06
— de 0m,07	0,07
— de 0m,08 à 0m,09	0,08
— de 0m,12	0,11
N° 85. Pointes de Paris de 0m,027 le mille	0,90
— de 0m,041 *id.*	1,90
— de 0m,054 *id.*	2,55
— de 0m,068 *id.*	5,90
— de 0m,081 *id.*	8,20

N° 86. Une serrure bénarde à deux tours, de 0m,20 sur 0m,12 mise en place avec toutes les pièces, boulons, écrous, clefs, gâches, écusson, le tout proprement travaillé et poli à la lime douce, ci. . . . . **11,00**   *Serrures.*

N° 87. Serrure bénarde à deux tours de 0m,16 sur 0m,11, mise en place avec toutes les pièces, clef, gâches, etc. **8,50**

N° 88. Serrure bénarde à deux tours de 0m,14 sur 0m,09 mise en place avec toutes ses pièces. **6,50**

N° 89 Une clef de porte d'entrée ou porte extérieure, ci. **1,50**

N° 90. Une clef de porte intérieure **1,20**

N° 91. Une fiche à vase pour porte intérieure, savoir : de 0m,25 à 0m,30 de longueur, ci. **2,50**   *Ferrures de portes et*
— de 0m,20 à 0m,25 de longueur, ci. **2,00**   *croisées.*
Une fiche à vase pour croisées de 0m,16 à 0m,20 . . . . **1,50**
— de 0m,12 à 0m,16 . . . . **1,00**

N° 92. Une charnière à broche pour porte intérieure, pose comprise. **1,10**

N° 93. Une charnière comme ci-dessus, mais dite de grande dimension, tout compris . **1,40**

N° 94. Un loquet à manille en fer poli, assorti de toutes ses pièces et mise en place. . **3,00**

N° 95. Chaque poignée de loquet remplacée **1,30**

N° 96. Chaque battant de loquet remplacée **0,80**

N° 97. Chaque mantonnet remplacé **0,50**

N° 98. Chaque crampon de loquet remplacé **0,25**

N° 99. Chaque poussoir de loquet. **0,40**

N° 100. Chaque fiche à broche de 0m,11 de longueur pour croisées, pour facture et pose. **0,75**

N° 101. Chaque tourniquet à vis pour contre-vent 0f75

N° 102. Une garniture complète de ferrements de croisées, composée de 6 fiches à broches de 0m,11 de longueur, 2 boutons poignées, 4 tourniquets avec bouton et platine, 4 équerres de 0m,15 de branche et vingt à vis à bois 10,00

N° 103. Une garniture complète de ferrements, composée de six petites pentures à équerre avec gonds à repos, 2 boutons poignées et 4 tourniquets avec boulon et platine, 20 vis à bois, ci. 10,00

N° 104. Le mètre courant d'espagnolettes en fer rond de 0m,015 de diamètre, pose comprise 4,00

N° 105. Une garniture complète d'une croisée de 1m,70 de hauteur avec 6 fiches, 1 espagnolette avec accessoires, la poignée comptée pour 0m,35 de longueur, 4 équerres, 2 gâches et 3 vis à bois, ci 17,20

N° 106. Un cric simple en fer de première qualité, pesant de 24 à 25 kilogrammes, parfaitement confectionné et trempé, composé d'un hérisson avec son gros pignon, d'une crémaillère de 1 mètre de longueur, d'une cage assortie de ses pieds, grenouilles, bagues, cliquets, clavettes, etc., d'un rochet et d'une manivelle, toutes ces pièces parfaitement assemblées, pose non comprise, ci. 88,00

N° 107. Un hérisson avec son grand pignon 25,00

N° 108. Une crémaillère de un mètre de longueur 28,00

N° 109. Chaque cage de cric remplacée et munie de ses pieds, grenouilles, cliquets, clavettes, etc. 32,00

N° 110. Un cric semblable à celui n° 106, mais du poids de 32 à 34 kil., avec une crémaillère de 1m,16 de longueur et de 0m,003 de plus en épaisseur, ci 112,00

N° 111. Chaque hérisson avec le grand pignon remplacé pour le cric n° 110, ci . . . 28,00

N° 112. Chaque crémaillère remplacée à 42,00

N° 113. Le kilogramme de crémaillère seule de toute dimension, y compris la trempe, ci 3,50

N° 114. Chaque cage complète remplacée au cric n° 110, ci 37,00

N° 115. Prix de chaque pièce semblable dans les deux crics ci-dessus, savoir :
Chaque grenouille simple (ou boîte pour le grand pignon), ci 3,30
Chaque grenouille double (double boîte sur la plaque du fond), ci 5,50
Chaque bague ou virole d'acier dans les boîtes remplacées, ci 1,65
Chaque cliquet sans pied 2,00
Chaque pied neuf pour un cliquet 1,50
Chaque petit pignon 8,00
Chaque rochet, fourniture seulement 1,50
Une manivelle 4,00
Une clavette double 0,55
Une roue ou hérisson seul à adapter à un grand pignon, y compris la retrempe des deux pièces 17,00
Un grand pignon seul à remettre dans une ancienne roue, y compris la retrempe des deux pièces 13,00
Pour retravailler les dents d'une roue ou hérisson et les retremper 5,50
Une plaque de fond seule à remplacer à une cage, y compris le démontage et le remontage des pièces adjacentes, ci 6,00
Une plaque supérieure 5,00
Un recouvrement avec boîte pour le petit pignon monté à rives sur la plaque supérieure 3,50
Un contrefort 2,50
Une entretoise 1,80

N° 116. Un cric à double engrenage pesant de 29 à 30 kil., parfaitement confectionné et trempé, assorti de toutes ses pièces, la crémaillère de 1 mètre de longueur, pose non comprise, ci . . . . 115[f]00 *Porté en compte.*

N° 117. Un cric semblable pesant 37 kil., avec une crémaillère de 1[m],16 de longueur et de 0[m],003 plus épaisse que celle du cric précédent, ci 138,00

N° 118. Un petit hérisson avec son pignon, à remplacer à l'un ou à l'autre des deux crics à double engrenage 19,00

N° 119. Un petit pignon à remettre dans un hérisson, y compris la nouvelle trempe des deux pièces, ci 6,00

N° 120. Un petit hérisson à remettre avec un vieux pignon, y compris la trempe des deux pièces, ci 15,00

N° 121. Pour mettre une dent neuve dans une roue ou hérisson 2,00

N° 122. Pour retremper la roue ou hérisson 5,50

N° 123. Pour mettre une dent neuve dans une crémaillère 3,50

N° 124. Pour détremper et retremper une crémaillère de 1 mètre de longueur . . . 6,00

N° 125. Pour détremper et retremper une crémaillère de 1[m],16 de longueur 8,00

N° 126. Pour reforger et relimer les dents d'une crémaillère usée et la retremper :
La crémaillère de 1 mètre 10,00
Celle de 1[m],16 14,00

N° 127. Pour redresser à chaud une crémaillère et la retremper dans toute sa longueur :
Celle de 1 mètre 6,00
Celle de 1[m],16 8,00

N° 128. Une poignée neuve à une manivelle de tout calibre 2,00

N° 129. Pour faire un rouleau neuf de tout calibre à une manivelle 1,80

N° 130. Une cage neuve en tôle avec portière pour fermer les côtés des crics des écluses où il y a des ponts, ci 3,50

Nota. Dans les prix relatifs aux crics, ou n'a pas compté le démontage du cric ni sa pose, ni le transport à la forge. Ces faux frais seront à la charge de l'administration.

N° 131. Le kilogramme de fonte pour plaques de cheminée, ci . . . . 0,40 *Fonte.*

N° 132. Le kilogramme de fonte pour crapaudines, boîtes d'essieux ou autres objets semblables 0,70

N° 133. Le kilogramme de fonte pour colliers de portes d'écluses avec les tenons percés au foret 0,80

N° 134. Le kilogramme de plomb en lingots . . . . 1,00 *Plomb et soufre pour scellements.*
Le kilogramme de soufre 0,70

N° 135. Le kilogramme de plomb coulé pour scellement, y compris le coulage . . . 1,10

N° 136. Le kilogramme de cuivre rouge mis en œuvre pour frettes ou autres ouvrages analogues . . . . 4,50 *Cuivre.*
Le kilogramme de cuivre jaune 5,40

N° 137. Le mètre courant de chenaux en grand fer-blanc, feuille en long, double croix, pose et crochets compris, ci . . . . 6,50 *Ferblanterie.*

N° 138. Le même que ci-dessus, feuilles en large, ci 7,60

N° 139. Le mètre courant de tuyaux de descente en grand fer-blanc, feuille en long, pose et crochets compris 4,50

N° 140. Le même, feuilles en large 5,50

N° 141. Le mètre courant de tuyaux de descente, en petit fer-blanc, feuilles en long, pose et crochets compris 3ᶠ10

N° 142 Le mètre courant de faîtage en grand fer-blanc, simple croix, la feuille posée en traverset clouée de deux forts clous recouverts d'une calotte de fer-blanc, fourniture et pose 5,10

N° 143. Le mètre courant de corniers en grand fer-blanc, simple croix, la feuille posée en long, ci 4,00

N° 144. Chaque feuille de fer-blanc double, mise en œuvre pour réparations, pose comprise 2,10

N° 145. Petit fer-blanc, employé de même. 1,35

N° 146. La mise en œuvre d'une feuille de fer-blanc pour réparation de tuyaux ou chenaux exigeant le déplacement d'un ouvrier, il sera compté en outre des prix ci-dessus, pour le port, le voyage, et quel que soit le nombre des feuilles à remplacer, ci. 2,00

N° 147. Le kilogramme de tôle avec emploi. 1,80

Trous de scellements.

N° 148. Trous de scellement au ciseau pour pitons, anneaux, crochets et autres menues pièces pesant plus de 0ᵏ,50, y compris faux frais et bénéfice 0,30

Même trous pour des pièces de plus de 0ᵏ,50, ci. 0,15

Trous pour barreaux de fenêtre, ci 0,25

Trous pour l'ajustement d'un collier de portes d'écluses avec ses tirants, ajustement d'un collier et main-d'œuvre pour scellement, ci. 7,50

Trous pour scellement d'une crapaudine, ajustement compris 1,75

Chaque scellement en plâtre gris à faire dans une maison pour pose de gonds, crochets, etc., ci. 0,15

CHAPITRE IV.

VITRERIE, PEINTURE, GOUDRONNAGE, CALFATAGE, FOURNITURE D'HUILE A GRAISSER ET CORDAGES.

Vitrerie.

N° 149. Prix du kilogramme de mastic pour croisées, ci. 1,30

N° 150. Prix du mètre carré de grands carreaux de verre blanc aux croisées à petit bois, compris mastic et pose, ci 8,00

N° 151. Prix du remasticage d'un mètre carré de grands carreaux 2,60

N° 152. Prix du mètre courant développé de mastic remis aux carreaux. 0,10

Peinture.

N° 153. Peinture à l'huile de toute couleur : prix du mètre carré, tout compris :

Première couche 0,55

Deuxième couche 0,45

Troisième couche 0,35

Goudronnage.

N° 154. Prix du goudronnage en deux couches de 1 mètre carré de surface de charpente, tout compris, fourniture, chauffage et façon, ci. 1,60

N° 155. Prix du goudron végétal rendu à pied-d'œuvre, y compris l'entonnelage, le kilogramme 0,60

N° 156. Prix du kilogramme de mastic bitumineux en pains, rendu à pied-d'œuvre. . 0,25

N° 157. Prix du bitume rendu à pied-d'œuvre y compris l'entonnelage, le kilogramme. 0,75

N° 158. Le kilogramme de brai-gras rendu à pied-d'œuvre. 0,50

Calfatage.

N° 159. Prix du kilogramme d'étoupes pour calfatage, rendu à pied-d'œuvre 0,80

N° 160. Prix de la main-d'œuvre du calfatage et brayage d'un mètre carré de portes d'écluses. 0,60

N° 161. Prix du calfatage et brayage, fourniture et façon du mètre linéaire de joints. . 0,50

Porté
en compte.

N° 162. Prix du kilogramme de cordages en chanvre de première qualité . . . . . . 1^f90   Cordages.

N° 163. Prix du kilogramme d'huile de pied de bœuf clarifiée (fourniture seulement) . 1,90   Huile.

N° 164. Prix du mètre carré de calfatage à deux étoupes pour portes neuves, y compris le brayage sur les coutures, fourniture et façon, ci 2,80   Calfatage avec fournitures.

CHAPITRE V.

FOURNITURE ET RÉPARATION D'OUTILS, BROUETTES, ETC. RÉTROCESSION DE MATÉRIAUX.

N° 165. Prix du kilogramme de fer pour pelles, cuillers, dragues, etc. 2,05

N° 166. Prix du kilogramme de fer aciéré pour pics, pioches, pelles, marteaux de maçons et tailleurs de pierres, barres à mines, etc. 2,20

N° 167. Prix du raciérage d'une pointe de marteau de maçon, de tailleur de pierres, de taillant de pics, pioches, barres de mines, tout compris. 1,70

N° 168. Pour refaire les pointes ou tranchants des marteaux de maçon, de tailleur de pierres, de pioches-pics, etc., la pointe, ci. 0,05

N° 169. Une civière double en frêne ou jeune chêne, à trois brancards et six traverses . 5,80
Chaque bras extrême remplacé. 1,45
Chaque bras intermédiaire 1,75
Chaque traverse 0,55

N° 170. Une civière neuve à deux brancards et six traverses. 3,55
Chaque bras remplacé 1,45
Chaque traverse 0,25

N° 171. Une brouette à terre, neuve, non compris les ferrures 6,90
Un brouette à mortier 8,00

N° 172. Prix de différentes pièces remplacées à une brouette à terre, savoir :
Chaque brancard remplacé. 1,00
Épars horizontal 0,20
Épars vertical 0,15
Chapeau ou sellette 0,45
Contre-fiche de chapeau 0,06
Chaque fond en sapin 0,90
Chaque jante de roue, y compris la dépose et la repose du cercle. 0,45
Deux jantes. 0,80
Trois jantes. 1,10
Un pied. 0,20
Un des côtés ou le fond incliné. 0,30

N° 173. Prix des diverses pièces remplacées à une brouette à mortier.
Chaque glissoir. 0,55
Chaque côté de la caisse 0,30
Le fond de la caisse 1,00
Les autres pièces comme au n° 172.

N° 174. Prix de manches d'outils :
Manche de pelle ou de hache en frêne ou en hêtre, y compris la pose 0,60
Manche de pioche ou faussoir 0,40
Manche de drague à main en frêne, charmille ou sapin 0,80
Manche de marteau de maçon 0,25

N° 175. La douzaine de paniers à terre en osier 4,80

N° 176. Un seau ferré 3,00

Porté
en compte.

N° 177. Échelles en sapin, le mètre courant . . . . 1^f50

— en bois dur, ci 2,00

Rétrocession de maté-
riaux.

N° 178. Prix auquel l'entrepreneur devra reprendre les vieux fers provenant de démolition de portes d'écluses ou autres, que l'administration jugera à propos de lui livrer, le kilogramme, ci 0,40

N° 179. Prix auquel l'entrepreneur devra reprendre la vieille fonte de fer 0,20

N° 180. Prix auquel l'entrepreneur devra reprendre les bois hors de tout service, chêne ou sapin, provenant des démolitions, le mètre cube mesuré en tas 4,00

Fait et présenté par l'ingénieur en chef soussigné.
Strasbourg, le 9 juin 1838.

Signé MOSSÈRE.

Vu par nous préfet du Doubs.
Besançon, le 13 juin 1838.

Pour le préfet en congé, le conseiller de préfecture délégué,
Signé MAISTRE.

Approuvé conformément à ma lettre de ce jour.
Paris, le 4 septembre 1839.

Le ministre secrétaire d'État des travaux publics,
Signé DUFAURE.

Rectifié conformément à la lettre d'approbation de M. le ministre des travaux publics, en date du 4 septembre 1839.
Strasbourg, le 16 octobre 1839.

L'ingénieur en chef, MOSSÈRE.

CAHIER

DES CLAUSES ET CONDITIONS GÉNÉRALES

IMPOSÉES AUX ENTREPRENEURS DES TRAVAUX PUBLICS,

ET FORMALITÉS A REMPLIR POUR LES ADJUDICATIONS.

I. CAHIER DES CHARGES,

ARRÊTÉ PAR M. LE DIRECTEUR DES PONTS ET CHAUSSÉES, LE 25 AOUT 1833.

ARTICLE PREMIER.

Nul ne sera admis à concourir aux adjudications, s'il n'a les qualités requises pour entreprendre les travaux et en garantir le succès. A cet effet, chaque concurrent sera tenu de fournir un certificat constatant sa capacité et de présenter un acte régulier, ou au moins une promesse valable de cautionnement. Il ne sera pas exigé de certificat de capacité pour les fournitures de matériaux destinés à l'entretien des routes, ni pour les travaux de terrassement, dont l'estimation ne s'élèvera pas à plus de quinze mille francs (*art. 9 de l'ordonnance royale du* 10 *mai* 1829).

Le certificat devra avoir été délivré dans les trois ans qui précéderont l'adjudication. Il contiendra l'indication des travaux exécutés ou suivis par l'entrepreneur, ainsi que la justification de l'accomplissement des engagements qu'il aurait contractés.

Formalités préalables à l'adjudication.

ARTICLE 2.

Le montant du cautionnement n'excédera pas le trentième de l'estimation des travaux, déduction faite de toutes les sommes portées à valoir pour cas imprévus, indemnités de terrains et ouvrages en régie.

Ce cautionnement sera mobilier ou immobilier, à la volonté des soumissionnaires. Les valeurs mobilières ne pourront être que des effets publics ayant cours sur la place (*art.* 20 *de la même ordonnance*).

Cautionnement.

ARTICLE 3.

Si en homologuant l'adjudication, l'administration ordonne quelques changements au projet ou au devis, l'entrepreneur devra s'y conformer, et il lui sera fait état de la valeur de ces changements, soit en plus, soit en moins, au prorata des prix de l'adjudication, sans qu'il puisse, en cas de réduction, réclamer aucune indemnité à raison des prétendus bénéfices qu'il aurait pu faire sur les fournitures et la main-d'œuvre.

Néanmoins, lorsque ces changements dénatureront fortement le projet, en opérant sur le prix total une différence de plus d'un sixième en plus ou en moins, l'entrepreneur sera libre de retirer sa soumission.

Il ne pourra prétendre à aucune indemnité dans le cas où l'adjudication ne serait pas approuvée.

Homologation de l'adjudication avec changements au projet.

ARTICLE 4.

Pour que les travaux ne soient pas abandonnés à des spéculateurs inconnus ou inhabiles, l'entrepreneur ne pourra céder tout ou partie de son entreprise. Si l'on venait à découvrir que cette clause a été éludée, l'adjudication pourrait être résiliée, et, dans ce cas, il serait procédé à une nouvelle adjudication à la folle enchère de l'entrepreneur.

Interdiction de céder tout ou partie de l'entreprise.

ARTICLE 5.

Pendant la durée entière de l'entreprise, l'adjudicataire ne pourra s'éloigner du lieu des travaux que pour affaires relatives à son marché, et qu'après en avoir obtenu l'autorisation. Dans ce cas

Résidence de l'entrepreneur sur le lieu des travaux.

il choisira et fera agréer un représentant capable de le remplacer, et auquel il aura donné pouvoir d'agir pour lui et de faire les payements aux ouvriers, de manière qu'aucune opération ne puisse être retardée ou suspendue pour raison de l'absence de l'entrepreneur.

ARTICLE 6.

Commencement des travaux.

A l'époque fixée par l'adjudication, l'entrepreneur mettra la main à l'œuvre; il entretiendra constamment un nombre suffisant d'ouvriers; il exécutera tous les ouvrages, en se conformant strictement aux plans, profils, tracés, instructions et ordres de service qui lui seront donnés par les ingénieurs ou leurs préposés.

Il lui sera préalablement délivré par le préfet des expéditions en bonne forme du procès-verbal d'adjudication, du devis et du détail estimatif.

ARTICLE 7.

L'entrepreneur ne pourra faire aucun changement au projet sans un ordre écrit.

Il se conformera, pendant le cours du travail, aux changements qui lui seront ordonnés *par écrit* et sous la responsabilité de l'ingénieur, pour des motifs de convenance, d'utilité ou d'économie, et il lui en sera fait compte, suivant les dispositions de l'art. 3; mais il ne pourra lui-même et sous aucun prétexte, apporter le plus léger changement au projet ou au devis.

ARTICLE 8.

Rétrocession des matériaux par l'entrepreneur sortant à l'entrepreneur entrant.

Dans le cas d'adjudication en continuation d'ouvrages, si l'entrepreneur sortant juge à propos de garder pour son compte les matériaux par lui approvisionnés en vertu d'ordres des ingénieurs, et non soldés par l'administration, ainsi que ses propres outils et équipages, il sera tenu d'évacuer dans le délai qui aura été fixé par le devis, tous les chantiers, magasins et emplacements publics. Si au contraire il a déclaré vouloir céder tout ou partie des objets ci-dessus indiqués, l'entrepreneur entrant sera tenu d'accepter les matériaux au prix de la nouvelle adjudication, et sur un état dressé contradictoirement entre les deux entrepreneurs, et en supposant toutefois qu'on ait reconnu à ces matériaux les qualités requises.

Les outils et équipages seront payés de gré à gré ou à dire d'experts.

ARTICLE 9.

Exploitation des carrières et indemnités y relatives, à la charge de l'entrepreneur.

Lorsque le devis n'indiquera pas de carrières ou sablières appartenant à l'État, l'entrepreneur en ouvrira à ses frais dans les lieux indiqués par le devis; il sera tenu de prévenir les propriétaires avant de commencer les extractions, et de les dédommager de gré à gré ou à dire d'experts, conformément aux lois et règlements sur la matière; il devra représenter, toutes les fois qu'il en sera requis, le traité qu'il aura fait avec eux.

Il payera, sans recours contre l'administration, tous les dommages que pourront occasionner la prise, le transport ou le dépôt des matériaux.

Il en sera de même des dommages pour établissements de chantiers, chemins de service, et autres indemnités temporaires qui font partie des charges et faux frais de l'entreprise.

L'entrepreneur ne sera entièrement soldé, et ne pourra recevoir le montant de la retenue pour garantie, dont il est parlé dans l'art. 35, qu'après avoir justifié, par des quittances en forme, qu'il a payé les indemnités et dommages mis à sa charge.

Dans le cas où le devis prescrirait d'extraire les matériaux dans les bois soumis au régime forestier, l'entrepreneur devra se conformer sans recours en indemnité contre l'administration des ponts et chaussées, aux obligations résultant pour lui de l'art. 145 du Code forestier, ainsi que des art. 172, 173 et 175 de l'ordonnance royale du 1er août 1827, concernant l'exécution de ce code.

Si, pendant la durée de l'entreprise, il était reconnu indispensable de prescrire à l'entrepreneur d'extraire des matériaux dans des lieux autres que ceux qui auraient été prévus au devis, les ingénieurs établiront de nouveaux prix d'extraction et de transport d'après les éléments de l'adjudication. Ces changements, après avoir été soumis à l'approbation du préfet, seront signifiés à l'entrepreneur, qui, en cas de refus, devra déduire ses motifs dans le délai de dix jours, et il sera statué ensuite par l'administration ce qu'il appartiendra. Dans ce même cas de refus, l'administration aura le droit de considérer l'extraction et le transport desdits matériaux, comme ne faisant pas partie de l'entreprise.

Si l'entrepreneur parvenait à découvrir de nouvelles carrières plus rapprochées que celles qui auraient été indiquées au devis, et offrant des matériaux d'une qualité au moins égale, il recevra l'autorisation de les exploiter, et il ne subira sur les prix de l'adjudication aucune déduction pour cause de diminution de frais d'extraction, de transport et de taille des matériaux.

L'entrepreneur ne pourra, en aucun cas, livrer au commerce les matériaux qu'il aura fait extraire dans une carrière qui ne lui appartiendrait pas, attendu que le droit d'exploitation ne lui a été conféré qu'en sa qualité d'entrepreneur de travaux publics et pour un objet déterminé.

ARTICLE 10.

L'entrepreneur sera tenu, indépendamment des indemnités mentionnées à l'article précédent, de fournir à ses frais les magasins, équipages, voitures, ustensiles et outils de toute espèce, sauf les exceptions qui seront stipulées au devis. *Magasins, équipages et faux frais.*

Seront également à sa charge les frais de tracé d'ouvrages, les cordeaux, piquets et jalons, et généralement tout ce qui constitue les faux frais et menues dépenses dont un entrepreneur n'est pas admis à compter.

ARTICLE 11.

Au moyen des prix consentis et approuvés, l'entrepreneur fera l'achat, la fourniture, le transport à pied-d'œuvre, la façon, la pose et l'emploi de tous les matériaux. *Application des prix consentis. Erreurs des métrés ou de dimensions d'ouvrages.*

Il soldera les salaires et peines d'ouvriers, les commis et autres agents dont il pourra avoir besoin pour assurer la bonne et solide exécution des ouvrages.

Il ne pourra, sous aucun prétexte d'erreur ou d'omission dans la composition des prix de sous-détail, revenir sur les prix par lui consentis, attendu qu'il a dû s'en rendre préalablement un compte exact, et qu'il est censé avoir refait et vérifié tous les calculs d'appréciation.

Mais il pourra réclamer, s'il y a lieu, contre les erreurs de métrés ou de dimensions d'ouvrages.

ARTICLE 12.

Les matériaux proviendront des lieux indiqués aux devis; ils seront de la meilleure qualité, parfaitement travaillés et mis en œuvre conformément aux règles de l'art. On ne pourra les employer qu'après qu'ils auront été visités par l'ingénieur. En cas de surprise, de mauvaise qualité ou de mal-façon, ils seront rebutés et remplacés aux frais de l'entrepreneur. Toutefois, si l'entrepreneur conteste les faits, l'ingénieur dressera immédiatement procès-verbal des circonstances de cette contestation : l'entrepreneur pourra consigner à la suite du procès-verbal, qui devra lui être communiqué, les observations qu'il se croira en droit de présenter. Il sera statué ensuite par l'administration ce qu'il appartiendra. *Origine et qualité des matériaux.*

ARTICLE 13.

Lorsque les ingénieurs présumeront qu'il existe dans les ouvrages des vices d'exécution, ils ordonneront, soit en cours d'exécution, soit avant la réception finale, la démolition et la reconstruction des ouvrages présumés vicieux. *Vices d'exécution.*

Les dépenses résultant de cette vérification seront à la charge de l'adjudicataire, lorsque les vices de construction auront été constatés et reconnus.

En cas de contestation de l'entrepreneur sur les vices d'exécution, il sera procédé comme il a été dit ci-dessus, art. 12.

ARTICLE 14.

En général, tous les matériaux auront les dimensions prescrites par le devis.

Si l'entrepreneur leur donne des dimensions plus fortes, il ne pourra réclamer aucune augmentation de prix; les métrages et les pesées seront basés sur les dimensions du devis, et néanmoins les pièces qui seraient jugées nuisibles ou difformes seraient enlevées et remplacées aux frais de l'entrepreneur. *Dimension ou poids des matériaux.*

Dans le cas de dimensions plus faibles, les prix seront réduits en proportion, et néanmoins les pièces dont l'emploi serait reconnu contraire au goût et à la solidité seraient également enlevées et remplacées aux frais de l'entrepreneur.

Dans tous les cas, l'entrepreneur ne pourra employer aucune pièce ni aucune matière qui ne serait pas des dimensions ou du poids prescrit par les devis, sans l'autorisation écrite de l'ingénieur.

ARTICLE 15.

Il pourra être accordé des à-comptes sur les prix des matériaux approvisionnés, jusqu'à concurrence des quatre cinquièmes de leur valeur. On ne regardera comme approvisionnés que les matériaux déposés sur l'atelier, et dès ce moment l'entrepreneur ne pourra les détourner pour un autre service sans une autre autorisation par écrit. *A-comptes sur les matériaux approvisionnés.*

Article 16.

Démolition d'anciens ouvrages.

Si, aux termes du devis, l'entrepreneur est tenu de démolir d'anciens ouvrages, les matériaux seront déplacés avec attention, pour pouvoir être réparés et remis en place, s'il y a lieu, avec les mêmes précautions que les matériaux neufs. Dans le cas où les démolitions n'auraient pas été prévues, il en sera tenu compte à l'entrepreneur dans les formes prescrites ci-après, art. 22.

Article 17.

Emploi des matériaux de démolition.

Toutes les fois que, par des motifs d'économie ou de célérité, on croira devoir employer des matières neuves ou de démolition appartenant à l'État, l'entrepreneur ne sera payé que des frais de main-d'œuvre et d'emploi sans pouvoir répéter de dommages pour manque de gain sur les fournitures supprimées.

Article 18.

Choix des commis, maîtres et chefs d'ateliers.

L'entrepreneur aura soin de ne choisir pour commis, maîtres et chefs d'ateliers, que des gens probes et intelligents, capables de l'aider et même de le remplacer au besoin dans la conduite et le métrage des travaux.

Il choisira également les ouvriers les plus habiles et les plus expérimentés, et néanmoins il demeurera responsable en son propre et privé nom, comme en celui de sa caution, des fraudes ou malfaçons que ses agents pourront commettre sur les fournitures, la qualité et l'emploi des matériaux, sous les peines indiquées à l'art. 12.

Article 19.

Changement ou renvoi des ouvriers de l'entrepreneur.

L'ingénieur aura le droit d'exiger le changement ou le renvoi des agents et ouvriers de l'entrepreneur, pour cause d'insubordination, d'incapacité ou de défaut de probité.

Article 20.

Liste nominative des ouvriers.

Le nombre des ouvriers, de quelque espèce qu'ils soient, sera toujours proportionné à la quantité d'ouvrages à faire, et pour mettre l'ingénieur à même d'assurer l'accomplissement de cette condition et de reconnaître les individus, il lui en sera remis périodiquement, et aux époques qu'il aura fixées, une liste nominative.

Article 21.

Travaux en retard. Mise en régie.

Lorsqu'un ouvrage languira faute de matériaux, ouvriers, etc., de manière à faire craindre qu'il ne soit pas achevé aux époques prescrites, ou que les fonds crédités ne puissent pas être consommés dans l'année, le préfet, dans un arrêté qu'il notifiera à l'entrepreneur, ordonnera l'établissement d'une régie aux frais dudit entrepreneur, si, à une époque fixée, il n'a pas satisfait aux dispositions qui lui seront prescrites.

A l'expiration du délai, si l'entrepreneur n'a pas satisfait à ces dispositions, la régie sera organisé, immédiatement et sans autre formalité. Il en sera aussitôt rendu compte au directeur-général, qui, selon les circonstances de l'affaire, pourra ordonner la continuation de la régie aux frais de l'entrepreneur ou prononcer la résiliation du marché et ordonner une nouvelle adjudication sur folle enchère.

Dans ces divers cas, les excédants de prix et de dépenses seront prélevés sur les sommes qui pourront être dues à l'entrepreneur, sans préjudice des droits à exercer contre lui et sa caution en cas d'insuffisance.

Si la régie ou l'adjudication sur folle enchère amenait au contraire une diminution dans les prix et les frais des ouvrages, l'entrepreneur ou sa caution ne pourront réclamer aucune part de ce bénéfice qui resterait acquis à l'administration.

Article 22. .

Travaux non prévus.

Lorsqu'il sera nécessaire d'exécuter des parties d'ouvrages non prévues par le devis, les prix en seront réglés d'après ceux de l'adjudication, par assimilation aux ouvrages les plus analogues. Dans le cas d'une impossibilité absolue d'assimilation, les prix seront réglés sur estimation contradictoire, en prenant pour terme de comparaison les prix courants du pays.

Lorsque ces travaux devront être de quelque importance, il en sera fait un avant-métré que l'entrepreneur acceptera, tant pour les prix proposés que pour l'indication des ouvrages par une soumission particulière qui sera présentée à l'approbation de l'administration.

Article 23.

S'il y a lieu de faire des épuisements qui n'auraient pas été mis par le devis à la charge de l'entrepreneur, les dépenses y relatives seront constatées par attachement et sur des contrôles tenus sous la surveillance de l'ingénieur. Elles seront acquittées régulièrement par l'entrepreneur, à la fin de chaque semaine, aux conditions portées en l'article suivant.

Épuisements.

Article 24.

Tous les payements pour épuisements, ouvrages par attachement, indemnités et autres articles imputés sur la somme à valoir, seront remboursés à l'entrepreneur avec un quarantième en sus pour le dédommager de ses avances de fonds. A cet effet, il sera tenu de payer à vue, en présence d'un employé désigné par l'ingénieur, les rôles ou états qui seront dressés pour le compte des travaux et de les faire quittancer par les parties prenantes avant de pouvoir en demander le remboursement.

Deux quarantièmes lui seront en outre alloués pour ceux desdits articles qui nécessiteront de sa part des outils, soins, frais de conduite des travaux, fournitures et entretien de machines.

Payement des ouvrages imputés sur la somme à valoir.

Article 25.

Sont exceptés des dispositions ci-dessus, les payements qu'on pourrait être obligé de faire par l'intermédiaire de l'entrepreneur, mais qui n'exigeraient réellement de sa part aucune avance de fonds, et pour lesquels conséquemment il ne sera alloué aucune rétribution.

Dépenses faites sans avances de fonds de la part de l'entrepreneur.

Article 26.

Il ne sera alloué à l'entrepreneur aucune indemnité à raison des pertes, avaries ou dommages occasionnés par négligence, imprévoyance, défaut de moyens ou fausses manœuvres. Ne seront pas compris toutefois dans la disposition précédente les cas de force majeure qui, dans le délai de dix jours au plus après l'événement, auraient été signalés par l'entrepreneur; dans ces cas, néanmoins, il ne pourra être rien alloué qu'avec l'approbation de l'administration. Passé le délai de dix jours, l'entrepreneur ne sera plus admis à réclamer.

Refus d'indemnités à l'entrepreneur, excepté pour le cas de force majeure.

Article 27.

L'entrepreneur, soit par lui-même, soit par des commis, visitera les travaux aussi souvent que pourra le réclamer le bien du service. Il justifiera de ces visites et accompagnera les ingénieurs dans leurs tournées, toutes les fois qu'il en sera requis.

Visite des travaux.

Article 28.

Il surveillera, dans l'étendue de son entrepreprise, les propriétaires riverains, et les cultivateurs qui se permettraient de labourer et de planter trop près des routes, canaux et autres propriétés publiques, ou qui détérioreraient les bornes, talus, fossés et plantations. Il avertira sur-le-champ les ingénieurs des contraventions qu'il apercevrait à cet égard, comme aussi de celles qui consisteraient en des dépôts de bois et de fumiers, ou autres encombrements quelconques, ainsi que des anticipations qui seraient faites sur le domaine de la voie publique.

Contraventions de voirie.

Article 29.

L'ingénieur en chef fera tous les règlements nécessaires pour le bon ordre des travaux ou pour l'exécution des clauses du devis. Ces règlements seront visés par le préfet, lorsqu'il aura été reconnu par ce magistrat qu'ils n'imposent pas de nouvelles charges à l'entrepreneur, pour lequel dès lors ils seront obligatoires.

Règlements d'ordre sur les travaux.

Article 30.

S'il survient quelque difficulté entre l'ingénieur ordinaire et l'entrepreneur, au sujet de l'application des prix des métrages, il en sera référé à l'ingénieur en chef, qui appliquera les règles admises dans le service des ponts et chaussées. Dans aucun cas l'entrepreneur ne pourra invoquer en sa faveur les usages et coutumes auxquels il est formellement dérogé par le présent article.

Difficultés sur l'application des prix. — Exclusion des us et coutumes.

Article 31.

Toutes les dimensions d'ouvrages, tous les prix, salaires et dépenses, seront calculés d'après le système légal des poids et mesures.

Application du système légal des poids et mesures.

Article 32.

Communication à l'entrepreneur des métrages et pièces de comptabilité.— Délai pour réclamer.

Les métrages généraux et partiels, les états d'attachements, les états de dépense, les états de situation et les procès-verbaux de réception, devront être communiqués à l'entrepreneur et acceptés par lui. En cas de refus, il déduira par écrit ses motifs dans les dix jours qui suivront la présentation desdites pièces, et dans ce cas seulement il sera dressé procès-verbal de l'acte de présentation et des circonstances qui l'auront accompagné. Un plus long délai mettrait souvent dans l'impossibilité de rechercher et de constater les causes d'erreurs qui auraient pu donner lieu à quelques réclamations. En conséquence, il est expressément stipulé que l'entrepreneur ne sera jamais admis à élever des réclamations au sujet des pièces ci-dessus indiquées après le délai de dix jours, et que, passé ce délai, lesdites pièces seront censées acceptées par lui, quand bien même il ne les aurait pas signées. Le procès-verbal de présentation devra toujours être joint à l'appui des pièces qui n'auront pas été acceptées.

Article 33.

Expédition des pièces de comptabilité à l'entrepreneur.

Indépendamment de la communication des pièces énoncées dans l'article précédent, l'entrepreneur sera autorisé à s'en procurer des expéditions, qu'il pourra faire transcrire par ses propres commis dans les bureaux de l'ingénieur en chef ou dans ceux de la préfecture.

Article 34.

Payements pour ouvrages faits.

Les payements d'à-comptes pour ouvrages faits s'effectueront en raison de l'avancement des travaux, en vertu des mandats du préfet expédiés sur les certificats de l'ingénieur en chef, d'après les états soumis par l'ingénieur ordinaire, jusqu'à concurrence des neuf dixièmes de la dépense, et déduction faite des à-comptes qui auront pu être délivrés sur les approvisionnements avant leur emploi.

Les payements ne pourront être faits qu'au fur et à mesure des ordonnances et des fonds disponibles; il ne sera jamais alloué d'indemnité, sous aucune dénomination, pour retard de payement pendant l'exécution des travaux.

Toutefois si les travaux étant définitivement reçues, l'entrepreneur ne pouvait pas être entièrement soldé à l'expiration du délai de garantie, il pourra prétendre à des intérêts pour cause de retard de payement de la somme qui restera due à dater de cette époque.

Article 35.

Retenue pour garantie. Réception provisoire ou définitive.

Le dernier dixième ne sera payé à l'entrepreneur qu'après l'expiration du délai fixé pour la garantie des ouvrages, sauf les justifications préalables exigées par le quatrième paragraphe de l'article 9.

Immédiatement après l'achèvement des travaux, il sera procédé à leur réception provisoire, et la réception définitive n'aura lieu qu'après l'expiration du délai de garantie. Pendant ce délai l'entrepreneur demeurera responsable de ses ouvrages et sera tenu de les entretenir.

Ce délai de garantie sera de trois mois après la réception pour les travaux d'entretien, de six mois pour les terrassements et les chaussées d'empierrement, d'un ou de deux ans pour les ouvrages d'art, selon les stipulations du devis.

Article 36.

Cessation ou ajournement des travaux.

Dans le cas où l'administration ordonnerait la cessation absolue ou l'ajournement indéfini des travaux adjugés, l'entrepreneur pourra requérir qu'il soit procédé de suite à la réception provisoire des ouvrages exécutés, et à leur réception définitive après l'expiration du délai de garantie. Après la réception définitive, il sera, ainsi que sa caution, déchargé de toute garantie pour raison de son entreprise.

Article 37.

Maximum de la retenue de garantie.

Si le dixième des dépenses est jugé devoir excéder la proportion nécessaire pour la garantie de l'entreprise, il pourra être stipulé au devis que la retenue cessera de croître lorsqu'elle aura atteint un maximum déterminé.

Article 38.

Mode de réception des ouvrages.

Toutes les réceptions d'ouvrages seront faites par l'ingénieur, en présence de l'entrepreneur, ou lui dûment appelé par écrit; en cas d'absence, il en sera fait mention au procès-verbal.

Article 39.

Si pendant le cours de l'entreprise, les prix subissaient une augmentation notable, le marché pourrait être résilié sur la demande qui en serait faite par l'entrepreneur; en cas de diminution notable, la résiliation du marché pourra être également prononcée, à moins que l'entrepreneur n'accepte les modifications qui lui seraient prescrites par l'administration.

Et dans le cas où, pendant le cours de l'entreprise, et sans changer les charges et les prix, il serait ordonné par l'administration d'augmenter ou de diminuer la masse des travaux, l'entrepreneur sera tenu d'exécuter les nouveaux ordres, sans réclamation, à moins qu'il n'ait été autorisé à faire des approvisionnements de matériaux qui demeureraient sans emploi, et pourvu que les changements en plus ou en moins n'excèdent pas le sixième du montant de l'entreprise; auquel cas il pourra demander la résiliation de son marché.

Article 40.

Dans le cas prévu par l'art. 36, et dans celui où, conformément à l'art. 39, et par suite d'une diminution notable dans le prix des ouvrages, l'administration aura prononcé la résiliation du marché, les outils et ustensiles indispensables à l'entreprise que l'entrepreneur ne voudra pas garder pour son compte, seront acquis par l'État, sur l'estimation qui en sera réglée de gré à gré, ou à dire d'experts, d'après la valeur première desdits outils et ustensiles, et déduction faite de leur degré d'usure, le tout au taux du commerce et sans augmentation de dixième ou de toute autre plus-value, sous prétexte de bénéfice présumé.

Les matériaux approvisionnés par ordre, et déposés sur les travaux, s'ils sont de bonne qualité, seront également acquis par l'État au prix de l'adjudication.

Les matériaux qui ne seraient pas déposés sur les travaux, resteront au compte de l'entrepreneur; mais tant pour cet objet que pour toutes les autres réclamations, il pourra lui être alloué une indemnité qui sera fixée par l'administration, et qui, dans aucun cas, ne devra excéder le cinquantième du montant des dépenses restant à faire en vertu de l'adjudication.

Article 41.

L'entrepreneur payera comptant les frais relatifs à son adjudication, sur un état arrêté par le préfet. Ces frais ne pourront être autres que ceux d'affiches et de publications, ceux de timbre et d'expédition du devis, du détail estimatif et du procès-verbal d'adjudication; enfin le droit d'enregistrement, fixé à un franc par la loi du 7 germinal an VIII, l'arrêté du 15 brumaire an XII, et le décret du 25 germinal an XIII.

Article 42.

Conformément aux dispositions du § 2 de l'art. 4 de la loi du 17 février 1800 (28 pluviôse an VIII), toutes les difficultés qui pourraient s'élever entre les entrepreneurs de travaux publics et l'administration, concernant le sens et l'exécution des clauses de leur marché, seront portées devant le conseil de préfecture, qui statuera, sauf recours au conseil d'État.

II. CONDITIONS GÉNÉRALES DES ADJUDICATIONS.

EXTRAITS DES ORDONNANCES ROYALES DES 10 MAI 1829 ET 4 DÉCEMBRE 1836.

Article premier.

Nul ne sera admis à concourir, s'il n'a les qualités requises pour entreprendre les travaux et en garantir le succès.

Article 2.

Le montant du cautionnement de l'entreprise est fixé au trentième de l'estimation, pour les travaux des ponts et chaussées, et au dixième, pour les travaux des bâtiments civils.

Article 3.

Lorsqu'un maximum de prix, ou un minimum de rabais, aura été arrêté d'avance, il sera déposé cacheté sur le bureau à l'ouverture de la séance.

Article 4.

Le rabais offert par les soumissionnaires, sera déterminé en nombre de francs et de fractions décimales de franc pour cent francs, sur le prix d'estimation.

Article 5.

Chaque *soumission*, écrite sur papier timbré, et placée sous une première enveloppe, scellée d'un cachet de cire, devra être accompagnée des pièces suivantes :

1° Certificat de capacité délivré par un ingénieur ou par un architecte (ce certificat ne sera pas exigé pour les fournitures de matériaux d'entretien des routes, ni pour les travaux de terrassement dont l'estimation ne s'élèvera pas à plus de 15,000 fr.).

2° Acte de cautionnement ou promesse valable de cautionnement.

3° Certificat de l'autorité locale, constatant la propriété et la valeur de l'immeuble offert en cautionnement, ainsi que la moralité du soumissionnaire.

4° Certificat du conservateur des hypothèques, constatant que cet immeuble n'est grevé d'aucune inscription.

Ces trois dernières pièces devront porter une date postérieure à celle de l'affiche.

Article 6.

Elles seront placées, avec la soumission cachetée, sous une seconde enveloppe, scellée de trois cachets de cire, et portant pour suscription :

CONCOURS du   18   .

Lot d'entreprise N°

Article 7.

Les paquets ainsi formés, seront reçus par le préfet, le conseil de préfecture assemblé, à l'heure fixée pour l'adjudication.

Un quart d'heure après, le préfet, assisté comme il sera dit dans l'affiche, procédera publiquement à la rupture du premier cachet ; il sera dressé état des pièces contenues dans la première enveloppe.

L'état dressé, les concurrents se retireront de la salle d'adjudication. Le préfet, après avoir consulté le bureau, arrêtera la liste des concurrents agréés.

Immédiatement après, la séance redeviendra publique ; le préfet annoncera sa décision. Les soumissions, et d'abord, s'il y a lieu, l'enveloppe renfermant le maximum de prix ou le minimum de rabais, seront ouvertes en présence des concurrents, et celui des soumissionnaires agréés qui aura fait l'offre la plus avantageuse, sera déclaré adjudicataire.

Article 8.

Dans le cas où plusieurs soumissionnaires auraient offert le même prix, et où le prix serait le plus bas de ceux portés dans toutes les soumissions, il sera procédé, séance tenante, à une réadjudication entre ces soumissionnaires seulement, soit sur de nouvelles soumissions, soit à l'extinction des feux.

Article 9.

Les adjudications ne seront définitives qu'après avoir été approuvées par l'administration supérieure, sauf les exceptions autorisées.

Article 10.

Lorsque les pièces renfermées dans la première enveloppe n'auront pas été admises, la soumission qui les accompagnera ne sera pas ouverte.

Toute soumission qui ne sera pas conforme au modèle annexé aux présentes conditions, ou dont le chiffre de rabais sera surchargé, sera réputée nulle et non avenue.

Article 11.

L'adjudicataire sera tenu de se conformer exactement aux conditions du devis et cahier des charges de l'entreprise, ainsi qu'à celles imposées aux entrepreneurs des travaux publics.

Article 12.

Il payera comptant, entre les mains du chef de la 4ᵉ division des bureaux de la préfecture, qui en donnera quittance, les frais d'affiches, de timbre et d'enregistrement auxquels l'adjudication donnera lieu, suivant le relevé qui sera porté à la suite de l'affiche.

MODÈLE DE SOUMISSION.

Je soussigné (nom, prénoms et profession), domicilié à m'engage *à entreprendre, moyennant un rabais de* par cent francs, sur les *prix d'estimation, les travaux à exécuter (les indiquer d'après l'affiche) formant le lot d'entreprise* n° *suivant l'affiche du* et m'engage en *outre à me conformer exactement aux devis et cahier des charges de l'entreprise, ainsi qu'aux clauses et conditions générales imposées aux entrepreneurs des travaux publics que je déclare bien connaître.*
Pour la sûreté de mes engagements, je joins à la présente soumission les pièces exigées.
le
Fait à le 18 .

MODÈLE DE PROMESSE ET DE CAUTIONNEMENT.

Je soussigné (noms, prénoms et profession), domicilié à soumissionnaire *des travaux (les indiquer d'après l'affiche) formant le lot d'entreprise n°* suivant *l'affiche du* promets d'affecter et hypothéquer en *garantie de la parfaite exécution de ces travaux, l'immeuble à moi appartenant et consistant en (nature et situation), de la valeur de* et franc de toute charge hypothécaire, ainsi *que cela est constaté par les certificats ci-joints.*
Fait à le 18 .

STRASBOURG, IMPRIMERIE DE G. SILBERMANN.

www.ingramcontent.com/pod-product-compliance
Ingram Content Group UK Ltd.
Pitfield, Milton Keynes, MK11 3LW, UK
UKHW022048170726
13837UKWH00002B/838